ULLSTEIN

Die Autorin

Louise L. Hay begann ihre Arbeit, als sie bei der Selbstheilung ihrer eigenen Krebserkrankung erfuhr, welche Bedeutung eine positive Lebenseinstellung für den Heilungsprozess haben kann. Ihre ersten Bücher stellten in den achtziger Jahren eine Revolution für das Selbstverständnis von Aids- und anderen Schwerstkranken dar. Seitdem hat sie mit ihrer Methode der positiven Selbstbeeinflussung mehr als 40 Millionen Menschen in über 30 Ländern der Welt geholfen. Um ihr Werk ist mit Hay House ein eigener Verlag entstanden, der heute in den USA zu den wichtigsten Vorreitern alternativer Gesundheitslehren und eines neuen humanen Umgangs mit menschlichen Problemen gehört. Ihr Name wurde zum Synonym für die Aktivierung von Selbstheilungskräften zur Unterstützung jeder ärztlichen Therapie. Sie lebt in Kalifornien. Weitere Informationen zu und von Louise L. Hay finden Sie im Internet unter www.hayhouse.com.

Von Louise L. Hay sind in unserem Hause erschienen:

Gesundheit für Körper und Seele
Balance für Körper und Seele
Wahre Kraft kommt von Innen
Die Kraft einer Frau
Das große Buch der heilenden Gedanken
Die innere Ruhe finden
Du bist dein Heiler!
Das Leben lieben
Du selbst bist die Antwort
Das große Buch der wahren Kraft
Gute Gedanken für jeden Tag

Louise L. Hay
und Freunde

Gute Gedanken für jeden Tag

*Aus dem Amerikanischen übertragen
von Thomas Görden*

Ullstein

Besuchen Sie uns im Internet:
www.ullstein-taschenbuch.de

Ullstein Esoterik
Herausgegeben von Michael Görden

Aus dem Amerikanischen von Thomas Görden
Titel der Originalausgabe
EVERYDAY POSITIVE THINKING
erschienen bei Hay House, Inc., Carlsbad, California, USA.

Umwelthinweis:
Dieses Buch wurde auf chlor- und
säurefreiem Papier gedruckt.

Deutsche Erstausgabe im Ullstein Taschenbuch
1. Auflage April 2005
© der deutschsprachigen Ausgabe by Ullstein Buchverlage GmbH,
Berlin 2005
© 2004 by Louise L. Hay
Umschlaggestaltung: FranklDesign, München
Titelabbildung: Shivananda Ackermann
Gesetzt aus der Adobe Caslon
bei LVD GmbH, Berlin
Druck und Bindearbeiten: Ebner & Spiegel, Ulm
Printed in Germany
ISBN 3-548-74154-1

Ein paar Worte an meine Leserinnen und Leser

Hier beim Verlag Hay House sind wir sehr froh
über unsere wunderbare Familie höchst
bemerkenswerter Autoren. Wir möchten diese Sammlung
unserer positiven Affirmationen mit Ihnen teilen,
um Sie in Ihrem täglichen Denken zu unterstützen.
Alles ist gut! Das Leben ist wunderbar!

Louise L. Hay

1

*W*as Sie jetzt in diesem Augenblick denken,
entscheidet über Ihre Zukunft.
Die Gedanken, die Sie gegenwärtig wählen,
formen Ihre zukünftigen Erfahrungen – morgen,
in der nächsten Woche und im nächsten Jahr.

LOUISE L. HAY

2

Lösen Sie sich von dem Bedürfnis,
Schuldzuweisungen vorzunehmen.
Machen Sie anderen keine Vorwürfe,
aber auch nicht sich selbst.
Wir bemühen uns alle, unser Bestes zu geben,
und zwar mit der Einsicht, dem Wissen
und der Bewusstheit, die uns gegenwärtig
zugänglich sind.

LOUISE L. HAY

3

Strahlen Sie Liebe und Harmonie aus,
versetzen Sie sich seelisch
und körperlich in einen friedvollen Zustand
und lassen Sie es zu,
dass das Universum dann alles
auf bestmögliche Weise fügt und gestaltet.

DR. WAYNE W. DYER

4

𝒟ie Absicht gehört zu den großen Kräften
im Universum, und alles und alle
sind durch diese unsichtbare Kraft verbunden.

DR. WAYNE W. DYER

5

*F*reude ist ein Zustand reinen Segens.
Diesen Zustand erreichen wir,
wenn wir anderen Menschen Trost
und Erleichterung spenden.
Wenn Sie das tun,
wird die Freude in ihr Leben strömen.

SYLVIA BROWNE

6

Milton schrieb, dass es in jedem Menschen
Himmel und Hölle gibt.
Entscheiden Sie sich für den Himmel –
lösen Sie sich von dem Bedauern
über Vergangenes und von allen Schuldgefühlen.
Denken Sie daran, dass Gott durch die Liebe
alle Ihre Schmerzen lindern
und Sie wieder ganz und heil machen kann.

SYLVIA BROWNE

7

*U*m im Leben erfolgreich zu sein
und die Ziele zu erreichen,
die Sie sich gesteckt haben, müssen Sie sich
von allen karmischen Konditionierungen befreien,
die Ihnen zuflüstern: »Das kannst du nicht.«
Sagen Sie sich: Ich kann!

DEEPAK CHOPRA

8

Wenn Sie sich zugestehen,
ein ganz normaler Mensch zu sein,
der ab und zu Fehler macht, bewahrt Sie das
vor illusionärer Selbstüberschätzung.

DEEPAK CHOPRA

9

*W*enn wir um Wunder bitten,
streben wir nach einem ganz praktischen Ziel:
der Rückkehr zum inneren Frieden.
Wir bitten nicht darum, dass sich etwas außerhalb
unserer selbst verändern möge,
sondern darum, dass *wir selbst* uns ändern.

MARIANNE WILLIAMSON

10

*D*as Leben ist wie ein Buch,
das niemals endet. Kapitel gehen zu Ende,
aber das Buch selbst hört nicht auf.
Das Ende einer physischen Inkarnation
ist wie der Abschluss eines Kapitels,
bei dem schon der Anfang des nächsten
vorbereitet wird.

MARIANNE WILLIAMSON

11

*K*onzentriert euch bewusst auf Dinge,
bei denen ihr euch gut fühlt.
Dann wird sich alles in eurem Leben so entfalten,
dass diese positive, angenehme Schwingung
sich darin widerspiegelt.

ABRAHAM-HICKS

12

*W*enn ihr bewusst einen angenehmen Gedanken
wählt, ist das überaus wirkungsvoll.
Die dadurch ausgelösten angenehmen Empfindungen
durchströmen euer ganzes Sein und eröffnen euch
Möglichkeiten des Wohlbefindens,
die weit über diesen einen ursprünglichen
Gedanken hinausgehen.

ABRAHAM-HICKS

13

*F*ühlen Sie sich blockiert?
Fällt es Ihnen schwer,
eine Entscheidung zu treffen?
Lauschen Sie auf Ihre Intuition
und entscheiden Sie dann!

DOREEN VIRTUE

14

*U*mgeben Sie sich mit positiven Menschen
und Situationen und
meiden Sie das Negative.

DOREEN VIRTUE

15

Sagen Sie nur, was Sie wirklich meinen.
Sprechen Sie nie schlecht
über sich selbst oder andere.
Verwenden Sie die Macht Ihrer Worte immer
in Richtung Wahrheit und Liebe.

DON MIGUEL RUIZ

16

Alle Welt kann Sie lieben,
aber diese Liebe wird Sie nicht glücklich machen.
Wirklich glücklich werden Sie,
wenn Sie all die Liebe verschenken, die in Ihnen wohnt.
Diese Liebe ist es, auf die es ankommt.

DON MIGUEL RUIZ

17

*Es ist leicht, sich in endlosen Spekulationen
zu verlieren. Lösen Sie sich also hier und jetzt
von dem Bedürfnis, wissen zu wollen,
warum die Dinge so geschehen, wie sie geschehen.
Bitten Sie stattdessen um Einsicht,
was Sie aus der jeweiligen Situation lernen sollen.*

CAROLINE MYSS
UND PETER OCCHIOGROSSO

18

Gnade ist ein Wort,
das nur selten ausgesprochen wird.
Wann liegt Gnade im menschlichen Handeln?
Wenn andere nicht verurteilt werden,
wenn freundlich über die Mitmenschen gesprochen
und mitfühlend an sie gedacht wird.
Möge Gnade Sie auf all Ihren Wegen begleiten.

CAROLINE MYSS

UND PETER OCCHIOGROSSO

19

*L*ösen Sie sich von dem Zwang,
perfekt sein zu wollen.
Leben heißt ständige Veränderung.
Perfektion zu verlangen ist,
als wollte man das Universum
in eine Zwangsjacke stecken.

CHRISTIANE NORTHRUP

20

*E*ine echte Partnerschaft ist ein sicherer Ort,
von dem aus man gemeinsam die Herausforderungen
des Lebens angeht. Sie regt außerdem beide Partner an,
zu wachsen und sich weiterzuentwickeln.

CHRISTIANE NORTHRUP

21

*S*eien Sie dankbar für alle Segnungen,
die Ihnen zuteil werden.
Mit einem dankbaren Herzen werden Sie immer
mehr Freude, Liebe und Wohlstand
in Ihr Leben ziehen.

CHERYL RICHARDSON

22

*S*agen Sie die Wahrheit.
Integrität ist der Schlüssel zu einem
authentischen Leben.

CHERYL RICHARDSON

23

*V*ermutlich ist Ihnen bereits klar,
dass es nicht gut für Sie ist,
in einer Lebenssituation auszuharren,
die einfach nicht funktioniert, und darauf zu hoffen,
dass sie sich irgendwann von allein bessert.
Heute nun sollten Sie sich klar machen,
dass es weder gesund noch produktiv ist,
wenn Sie mehr zu tun versuchen,
als in Ihrer Macht steht.

IYANLA VANZANT

24

*Ü*berlegen Sie, welche drei Dinge Sie
hier und heute von Ihrer lebenslangen Aufgabenliste
streichen können. Sind Sie bereit, die Liste zu kürzen?
Entlassen Sie sich aus der Pflicht, Dinge tun zu müssen,
die Ihnen einfach nichts mehr bedeuten!

IYANLA VANZANT

25

*F*rauen brauchen Fürsorge, Verständnis und Ermutigung. Männer brauchen Vertrauen, das Gefühl, akzeptiert zu werden, und Anerkennung.

JOHN GRAY

26

Ihre größte Herausforderung besteht darin,
ihr Identitätsgefühl zu bewahren,
während sie ihr Bewusstsein erweitert,
um den Bedürfnissen anderer Menschen zu dienen.
Seine größte Herausforderung besteht darin,
seine Neigung zur Selbstbezogenheit
zu überwinden.

JOHN GRAY

27

Warum lohnt es sich, gut organisiert zu sein?
Wenn wir gut organisiert sind,
offenbart sich in unseren privaten vier Wänden
ebenso wie in unserem Büro
und Terminplan unsere Persönlichkeit.
Wir wissen dann, wer wir sind und was wir wollen.

JULIE MORGENSTERN

28

*B*eginnen Sie mit kleinen Schritten.
Wenn in Ihrem Leben bislang völliges Chaos herrschte,
sollten Sie sich darin zunächst eine erste Oase
der Ordnung einrichten – sei sie auch noch so klein –
und diese dann für wenigstens einen Monat
aufrechterhalten, ehe Sie sich an größere Ziele wagen.

JULIE MORGENSTERN

29

*D*iese Zeit gehört euch. Jahrtausendelang,
während vieler Inkarnationen, habt ihr hart gearbeitet
und euch dadurch dieses Anrecht erworben.
Beansprucht diese Zeit für euch! Ihr habt alles Recht
dazu. Dafür werdet ihr geliebt.

KRYON

30

$\mathcal{G}$ott ist Liebe, und die Liebe ist die mächtigste
Kraft im Universum.
Sie wird euch beschützen und euch dienen.

KRYON

31

*M*anchmal muss man einfach laut schreien.
Ein gutes »Solo-Geschrei«,
das nicht an ein konkretes Gegenüber gerichtet ist,
kann oft wirkungsvoller sein
als ein Dialog oder ein Monolog.

ANNE WILSON SCHAEF

32

*M*an kann Arbeit dazu benutzen,
sich selbst und andere Menschen zu missbrauchen.
Oder ... Arbeit kann dazu dienen, Kreativität
und Spiritualität zum Ausdruck zu bringen.
Die Wahl liegt bei Ihnen.

ANNE WILSON SCHAEF

33

*E*ntwickeln Sie ein Gespür dafür,
wann Sie den Bogen überspannen,
und bringen Sie sich dann bewusst wieder
ins Gleichgewicht.

LEON NACSON

34

*K*ümmern Sie sich aufrichtig um das Wohlergehen
und persönliche Wachstum
Ihrer Mitmenschen. Erfreuen Sie sich
an den Stärken und Talenten der anderen.

LEON NACSON

35

Wenn Sie sich der Sie umgebenden Geräusche
und Gerüche und aller Sinneseindrücke
wirklich bewusst werden, regt Sie das dazu an,
ganz in der Gegenwart zu leben.

DEEPAK CHOPRA

36

Entwickeln Sie genügend Selbstvertrauen,
um offen Ihre Meinung zum Ausdruck zu bringen.
Auf diese Weise inspirieren Sie
Ihre Mitmenschen dazu,
gleichfalls offen zu sprechen.

DEEPAK CHOPRA

37

*W*enn Sie merken,
dass Sie sich Geldsorgen hingeben,
sagen Sie sich immer wieder:
»Ich bin stark, ich bin stark,
ich bin die Verkörperung der Stärke.«
Sie werden spüren, wie Ihre Sorgen und Ängste
einer neuen Zuversicht weichen.

SUZE ORMAN

38

*I*n Gelddingen sollten Sie stets das tun,
was Ihnen ein Gefühl der Sicherheit
und Vernunft vermittelt. Vertrauen Sie sich selbst mehr
als anderen. Ob Sie das glauben oder nicht,
was Ihr Geld angeht, besitzen Sie selbst
das beste Urteilsvermögen.

SUZE ORMAN

39

Zögern Sie nie, Autoritäten in Frage zu stellen.

TAVIS SMILEY

40

*W*iderstehen Sie der Versuchung,
sich gemein zu benehmen oder zu streiten.
Gestehen Sie es anderen Menschen zu,
im Recht zu sein. Verhalten Sie sich friedfertig
gegen jeden.

TAVIS SMILEY

41

*D*ie Ehe ist Gottes Geschenk an einen Mann
und eine Frau. Sie kann ein Segen für die Welt sein,
denn durch sie können zwei Menschen mehr werden,
als es ihnen allein jemals möglich wäre.

MARIANNE WILLIAMSON

42

𝒫ersönliches Wachstum kann schmerzhaft sein, weil wir mit unserer inneren Dunkelheit konfrontiert werden, was mitunter Scham und ein Gefühl der Demütigung auslöst. Doch unser spirituelles Ziel führt aus den auf Furcht basierenden, schmerzvollen Verhaltensmustern der Vergangenheit hin zu Liebe und Frieden.

MARIANNE WILLIAMSON

43

Wer versucht, Macht über andere auszuüben,
handelt den Gesetzen des Universums zuwider.
Es ist letztlich unmöglich.
Ihr könnt eure Mitmenschen nicht kontrollieren
oder beherrschen. Sehr wohl könnt ihr aber
eure eigene Realität kontrollieren – und erschaffen.

ABRAHAM-HICKS

44

$\mathcal{E}$s ist denkbar, dass ihr alle dem Menschen
heute bekannten Krankheiten in euch tragt.
Doch wenn ihr euch morgen dafür entscheidet,
Gedanken zu wählen, die andere Gefühle
in euch hervorrufen, kann das euren Körper
von all diesen Krankheiten befreien.
Der Schlüssel besteht darin, dem, was ihr als nicht
wünschenswert anseht, keine große Aufmerksamkeit
zu schenken. Wenn etwas sich nicht gut anfühlt,
solltet ihr euch anderen Dingen zuwenden.

ABRAHAM-HICKS

45

*W*enn Sie sich neuen Herausforderungen
und Erfahrungen stellen, gibt Ihnen das Gelegenheit,
zu wachsen und zu lernen.

DOREEN VIRTUE

46

Sie sind viel stärker und mächtiger,
als Sie denken.
Und Sie brauchen wirklich keine Angst
vor Ihrer eigenen Kraft zu haben!

DOREEN VIRTUE

47

Nehmen Sie von dem, was andere fühlen, denken
oder sagen, nichts persönlich.
Andere Menschen besitzen ihr eigenes System
von Glaubenssätzen. Die Meinungen,
die andere über Sie äußern, sagen also vor allem etwas
über deren seelische Verfassung aus.

DON MIGUEL RUIZ

48

Gründen Sie von nun an alle Ihre Reaktionen
und Handlungen auf Liebe.
Steigern Sie Ihre Selbst-Liebe, bis der ganze Traum
Ihres Lebens transformiert wird –
von Angst und Mangel hin zu Liebe und Freude.

DON MIGUEL RUIZ

49

*H*eilung wird möglich, wenn Sie sich
die Wahrheit über sich selbst eingestehen.
Gibt es jemanden, den Sie hassen,
oder etwas, das Sie begehren? Sind Sie in irgendeiner
Weise süchtig? Sich der eigenen Konflikte
bewusst zu werden
ist der erste Schritt zur Heilung.

CAROLINE MYSS

UND PETER OCCHIOGROSSO

50

*D*enken Sie einmal über folgende
erstaunliche Möglichkeit nach:
Sie haben sich nur aus einem einzigen Grund
auf dieser Erde inkarniert – um die Freude
des Lebendigseins zu erfahren.
Haben Sie sich überhaupt schon einmal bewusst gefragt,
was Ihnen von Herzen Freude macht?
Sie müssen unbedingt noch heute
etwas in dieser Richtung unternehmen!

CAROLINE MYSS

UND PETER OCCHIOGROSSO

51

Sie sind mehr als Ihr physisches Selbst.
Sie haben schon existiert,
bevor Sie körperliche Gestalt annahmen,
und Sie werden weiterhin existieren,
wenn Sie diesen Körper wieder verlassen.

BRIAN L. WEISS

52

𝒟ie Menschen verändern sich
und entwickeln sich unaufhörlich weiter.
Halten Sie nicht an einem begrenzten,
negativen Bild eines Menschen fest,
das auf vergangenen Eindrücken basiert.
Sehen Sie diesen Menschen,
wie er heute ist.

BRIAN L. WEISS

53

Machen Sie sich klar,
welche Konsequenzen es für Sie hat, wenn Sie Ihr
wahres Selbst nicht zum Ausdruck bringen.
Echter Selbstausdruck beruht auf Selbstprüfung,
Integrität, Aufrichtigkeit und der Bereitschaft
zur Veränderung.

CHRISTIANE NORTHRUP

54

Feiern Sie jede Beziehung zu anderen Menschen,
die Sie jemals hatten. Ihre Mitmenschen,
mögen Sie angenehme oder unangenehme
Zeitgenossen sein, sind die besten Lehrmeister.

CHRISTIANE NORTHRUP

55

*B*ei allem, was Sie tun,
kommt es auf Ihre innere Einstellung an.
Sie ist das entscheidende Element,
wenn Sie Macht über Ihr Schicksal
erlangen wollen.

KEITH D. HARRELL

56

*U*m wahres Glück zu finden,
müssen Sie nach innen schauen.
Es ist schwer, glücklich zu sein,
wenn Sie sich dabei von äußeren Faktoren
abhängig machen.

KEITH D. HARRELL

57

*G*eben Sie Ihr Bedürfnis auf,
die Dinge kontrollieren zu wollen.
Vertrauen Sie stattdessen darauf,
dass es für Ihr Leben
einen weisen göttlichen Plan gibt.

CHERYL RICHARDSON

58

Stehen Sie hundertprozentig
hinter Ihren Lebenszielen.
Wenn Sie zu einer Sache nicht absolut ja sagen,
bedeutet das letztlich ein Nein.

CHERYL RICHARDSON

59

Gott möchte Ihre Bitten und Sorgen, Ihr Lob
und Ihren Dank hören.
Haben Sie den Mut, aufrichtig zu sein.
Er wird Sie dafür mit Erkenntnis belohnen.

DR. BRUCE WILKINSON

60

Nur wer bittet, kann auch empfangen.
Ein einfaches gläubiges Gebet
kann Ihre ganze Zukunft verändern.
Durch Beten können Sie von einem Augenblick
zum anderen eine Veränderung herbeiführen.

DR. BRUCE WILKINSON

61

*B*is heute haben Sie vielleicht
an heimlichen Gedanken und Gefühlen festgehalten.
Vielleicht haben Sie sich davor gefürchtet,
sich einer Selbstprüfung zu unterziehen
oder von anderen Menschen kritisch beurteilt zu werden.
Lösen Sie sich heute einmal, wenigstens für einen Tag,
von all diesen alten Gedanken und Gefühlen,
die Ihnen Unbehagen bereiten.

IYANLA VANZANT

62

*W*as haben Sie schon zu verlieren,
wenn Sie heute einmal alle Ihre Sorgen vergessen?
Sind Sie bereit dazu? Wenn Sie einem Problem
keine Aufmerksamkeit mehr schenken,
fängt es an sich zu langweilen und verschwindet
aus Ihrem Leben.

IYANLA VANZANT

63

$\mathcal{E}$in Mann gewinnt bei einer Frau Pluspunkte,
wenn er sich ehrlich bemüht, etwas Positives
zu ihrer Beziehung beizutragen.
Eine Frau gewinnt Pluspunkte bei einem Mann,
wenn sie auf Fehler, die er macht,
mit Nachsicht reagiert.

JOHN GRAY

64

Wenn eine Frau sich von Problemen
überwältigt fühlt, zieht sie sich zu ihrem »Hort«
der Ruhe und Kraft zurück,
um ihre Batterien wieder aufzuladen.
Wenn ein Mann wütend wird,
muss er in seine »Höhle« gehen,
um sich wieder zu beruhigen.

JOHN GRAY

65

*G*eben Sie Besitztümer weiter, die Sie
nicht mehr benötigen.
Klammern Sie sich nicht an Dinge,
mit denen Sie nichts mehr anfangen können,
bloß weil Sie einmal viel Geld dafür ausgegeben haben.
Was Sie eines Tages erneut brauchen,
findet höchstwahrscheinlich ganz von allein
zu Ihnen zurück.

JULIE MORGENSTERN

66

*B*eseitigen Sie Hindernisse.
Entwirren Sie das Durcheinander,
das zwischen Ihnen und dem produktiven,
erfüllten Leben steht,
nach dem Sie sich sehnen.

JULIE MORGENSTERN

67

Gott lässt sich durch Stürme nicht den Schlaf rauben,
und ein Wort von ihm genügt,
um alle Winde zu beruhigen. Weder Krebs noch
Friedhöfe sind für ihn Grund zur Sorge.
Er war schon hier, bevor es all das gab.
Und er wird noch hier sein,
wenn es all das nicht mehr gibt.

MAX LUCADO

68

Sitzen Sie im Gefängnis? Das tun Sie,
wenn Ihr Glück von etwas abhängt,
das Sie aufs Bankkonto legen, fahren, trinken oder essen.
Es ist höchste Zeit, dass Sie aus den Gefängnissen
ausbrechen, die Ihr Leben einschränken.

MAX LUCADO

69

Stärken Sie Ihr Selbsvertrauen und bleiben Sie
bezüglich Ihrer Verdienste
dennoch bescheiden. Auch sollten Sie sich
über Ihre Grenzen klar werden.

CHERIE CARTER-SCOTT

70

*E*rkennen Sie an,
dass Sie selbst die Quelle alles dessen sind,
was Sie im Leben manifestieren.

CHERIE CARTER-SCOTT

71

*H*abt ihr das Gefühl, auf eurem Pfad
nicht voranzukommen?
Lernt, euch an der Situation zu erfreuen,
wie sie gegenwärtig ist. Alles ist relativ,
und vielleicht geht es in eurem Leben momentan
nicht weiter, damit andere eine Chance bekommen,
zu euch aufzuholen. Möchtet ihr ihnen
denn vorenthalten,
an euren Kreationen teilzuhaben?

KRYON

72

Alles, was in eurem Leben war und ist,
lässt sich ändern, und zwar *jetzt*.
Ihr selbst seid die Schöpfer eurer Vergangenheit
und Zukunft. Das Ganze wird von euch
im *Jetzt* erschaffen, sogar jene Dinge,
die ihr für unabänderlich haltet.

KRYON

73

Lernen Sie, sich in die Kindheitserfahrungen
Ihrer Eltern einzufühlen,
um ihr späteres Verhalten besser zu verstehen.
Sie haben sich Ihre Eltern selbst ausgesucht,
um ganz bestimmte Lernschritte zu machen.
Verzeihen Sie ihnen
und geben Sie sie frei.

LOUISE L. HAY

74

Sie befinden sich immer im genau richtigen Alter.
Jedes neue Jahr ist besonders und kostbar,
denn es kehrt niemals wieder. Entwickeln Sie
eine positive Einstellung zum Älterwerden.

LOUISE L. HAY

75

*D*ie Intention dieses Universums manifestiert sich
billionenfach in der physischen Welt.
Jeder Teil von Ihnen, einschließlich Ihrer Seele,
Ihrer Gedanken und Emotionen
und Ihres physischen Körpers
ist Teil dieser kosmischen Intention.

DR. WAYNE W. DYER

76

*V*erhalten Sie sich so, als sei alles,
was Sie sich wünschen, bereits Wirklichkeit.
Glauben Sie, dass Sie das Ersehnte bereits
empfangen haben, dass es im Geiste bereits existiert.
Erzeugen Sie eine innere Gewissheit,
dass Ihre Wünsche erfüllt werden.

DR. WAYNE W. DYER

77

*M*öglicherweise gibt es Menschen,
die versuchen werden, Ihren Ruf zu ruinieren.
Das kann sehr schmerzhaft sein,
aber vergessen Sie nicht,
dass dabei lediglich Ihre *Gefühle* verletzt werden.
Die Welt vergisst rasch.
Geben Sie also nicht viel um schlechte Publicity
und das Gerede der Leute.
Sie und Gott kennen die Wahrheit,
überlassen Sie ihm getrost alles andere.

SYLVIA BROWNE

78

Wenn Sie Ihren Körper nicht bewegen,
glaubt Ihr Gehirn, Sie wären tot.
Wenn Sie sich körperliche Bewegung verschaffen,
werden dadurch nicht nur die »Schlacken« verbrannt,
sondern Sie gewinnen außerdem mehr Energie.
Behandeln Sie Ihren Körper wie ein Auto –
halten Sie ihn gut in Schuss,
dann wird er über sehr lange Zeit
zuverlässig funktionieren.

SYLVIA BROWNE

79

*D*as Geheimnis, wie man selbst zu Geld
und Erfolg gelangt, ist sehr einfach:
Helfen Sie anderen dabei,
Geld und Erfolg zu erlangen.

DEEPAK CHOPRA

80

*D*ie kleinen Dinge, die Sie jeden Tag tun –
einem Fremden zulächeln oder jemandem
ein Kompliment machen –, bringen Sie Ihrer spirituellen
Wahrheit näher, der Reinheit Ihrer Seele.

DEEPAK CHOPRA

81

*F*inanzielle Freiheit erlangen Sie,
wenn Sie sich um die Menschen
und Dinge in Ihrer Umgebung kümmern
und wenn Sie Gott Ihre Dienste anbieten.

SUZE ORMAN

82

*G*eld ermöglicht es Ihnen, frei über
Ihr Leben zu entscheiden.
Und die Entscheidungen, die Ihr Geld
Ihnen ermöglicht, sollten dazu beitragen,
Ihr Leben lebenswert zu machen.
Außerdem gilt: Je mehr Sie Ihr Geld
wertschätzen, desto mehr Geld
wird in Ihr Leben strömen.

SUZE ORMAN

83

*E*ntspannen Sie sich! Sie sind niemals zu alt,
zu erwachsen, zu professionell, um lachen
und Spaß haben zu können.
Gönnen Sie es sich, die Dinge spielerisch anzugehen.
Lassen Sie Ihr inneres Kind
zum Vorschein kommen
und freuen Sie sich des Lebens!

TAVIS SMILEY

84

Seien Sie bei all Ihren Unternehmungen offen,
ehrlich und anständig.
Orientieren Sie sich an hohen Werten,
Standards und Prinzipien und
gehen Sie immer noch ein Stück weit
über diese Standards hinaus.
Bleiben Sie bei allem,
was Sie tun, sich selbst treu.

TAVIS SMILEY

85

Schauen Sie den Menschen,
die Ihnen täglich begegnen,
in die Augen und sagen Sie sich im Stillen:
»Das Licht Gottes in mir grüßt das Licht Gottes in dir.«
Tun Sie das für mindestens fünf Minuten.
Praktizieren Sie das jeden Tag,
und es wird Ihnen einfach nicht mehr gelingen,
unglücklich zu sein!

MARIANNE WILLIAMSON

86

*I*ntimität bedeutet, dass wir uns beim anderen
sicher genug fühlen, um inmitten des ganzen
kreativen Chaos unserer Welt die Wahrheit
über uns selbst zu offenbaren.
Wenn ein Raum geschaffen wird,
in dem zwei Menschen frei sind,
einander ihre Schutzwälle zu zeigen,
dann werden diese Wälle
mit der Zeit verschwinden.

MARIANNE WILLIAMSON

87

*D*as Beispiel, das Sie für die Welt sein können,
fließt ganz natürlich aus Ihrem Charakter.
Ihr Charakter strahlt ständig auf andere Menschen aus
und teilt sich ihnen mit. So werden die anderen
ganz instinktiv Ihnen und Ihren Taten
mit Vertrauen oder mit Argwohn begegnen.

STEPHEN R. COVEY

88

*T*ragen Sie zum Wohlergehen Ihrer Mitmenschen bei – durch Ihre Arbeit, durch Freundschaft und durch Dienst im Verborgenen. Ihre einzige Sorge sollte darin bestehen, ein Segen für andere Menschen zu sein.
Dann werden Sie nicht länger nach Ruhm und Anerkennung streben, sondern der Wunsch, andere positiv zu beeinflussen und zu inspirieren, wird das Motiv ihres Handelns sein.

STEPHEN R. COVEY

89

Niemand anderes kann in eurem Leben
schöpferisch sein,
denn niemand kann eure Gedanken lenken
und beherrschen. Auf eurem persönlichen Pfad
zum Glück werdet ihr alles finden,
was ihr sein, tun und besitzen wollt.

ABRAHAM-HICKS

90

*A*uch wenn ihr natürlich am Ende der Reise
nach Hause zurückkehrt,
ist es während des Urlaubs nicht euer Bestreben,
so schnell wie möglich das ganze Reiseprogramm
zu absolvieren, um es auf eurer Liste
abhaken zu können. Vielmehr fahrt ihr in Urlaub,
um eine schöne Zeit zu verbringen.
Und genau so solltet ihr es
mit eurem ganzen Leben halten.

ABRAHAM-HICKS

91

*D*enken Sie sich nicht selbst klein!
Denken Sie großzügig von sich
und sehen Sie sich
von Erfolg zu Erfolg schreiten.

DOREEN VIRTUE

92

Nehmen Sie sich Zeit, sich zu entspannen,
die Stille zu genießen.
Nehmen Sie sich Auszeiten, in denen Sie sich
um vernachlässigte
eigene Bedürfnisse kümmern.

DOREEN VIRTUE

93

Wenn Sie loslassen und sich
von der Vergangenheit lösen, werden Sie fähig,
voller Lebendigkeit die Gegenwart zu erfahren.
Die Vergangenheit zurückzulassen bedeutet,
sich des Traumes zu freuen,
der sich hier und jetzt ereignet.

DON MIGUEL RUIZ

94

*Ü*bernehmen Sie Verantwortung
und treffen Sie neue Vereinbarungen mit den Menschen,
die Sie lieben. Wenn eine Vereinbarung nicht
funktioniert, ändern Sie sie. Seien Sie dabei kreativ.
Setzen Sie Ihre Phantasie ein, um alle verfügbaren
Möglichkeiten zu erkunden.

DON MIGUEL RUIZ

95

*H*ier ist eine Aufgabe für Sie:
Verkünden Sie heute ausschließlich gute Nachrichten.
Achten Sie, während Sie diese Aufgabe in die Tat
umsetzen, darauf, ob es Ihnen schwer fällt.
Wenn ja, versuchen Sie herauszufinden, warum.

CAROLINE MYSS

UND PETER OCCHIOGROSSO

96

$\mathcal{V}$ergeben Sie heute einem Ihrer Mitmenschen.
Öffnen Sie Ihr Herz für diesen Menschen
und lösen Sie sich von unnötigem Leid aus der
Vergangenheit. Spüren Sie, wie diese simple
Handlungsweise Sie mit Frieden erfüllt.

CAROLINE MYSS
UND PETER OCCHIOGROSSO

97

Sie können lediglich Ihre Reaktionen und
Einstellungen bezüglich dessen,
was Ihnen widerfährt, kontrollieren.
Über die Ereignisse selbst haben Sie jedoch
keine Kontrolle. Lernen Sie,
den Unterschied zu verstehen.

BRIAN L. WEISS

98

Liebe ist die Energie, aus der alle Menschen
und Dinge gemacht sind.
Die Liebe verbindet Sie mit allem,
was in Ihrer Welt existiert.

BRIAN L. WEISS

99

*M*achen Sie sich den Unterschied zwischen
Selbstfürsorge und Sucht bewusst.
Viele Menschen benutzen suchthaftes Verhalten
oder konsumieren Drogen,
um Emotionen zu verdrängen, mit denen sie
nicht zurechtkommen.

CHRISTIANE NORTHRUP

100

Nehmen Sie sich selbst und Ihre Kreativität ernst.
Nehmen Sie sich Zeit
für schöpferischen Selbstausdruck.
Üben Sie sich in Selbstdisziplin.
Auf diese Weise wird es Ihnen gelingen,
Ihre einzigartigen Gaben und Talente
zu entdecken und zu kultivieren.

CHRISTIANE NORTHRUP

101

𝓔s gibt auf der Welt zwei Arten von Menschen:
jene, die Sie inspirieren,
und jene, die Sie herunterziehen.
Achten Sie darauf, welche Menschen Sie inspirieren,
und zollen Sie ihnen dafür Anerkennung
und Dankbarkeit.

KEITH D. HARRELL

102

*P*ositive, konstruktive Glaubenssätze
verleihen Ihnen Kraft.
Formulieren Sie gleich heute
drei inspirierende Glaubenssätze und
konzentrieren Sie sich auf diese.

KEITH D. HARRELL

103

Sorgen Sie gut für Ihren Körper. Selbstliebe und
Selbstakzeptanz sind der beste Weg
der Selbstfürsorge.

CHERYL RICHARDSON

104

Setzen Sie sich ein Ziel,
schreiben Sie es auf
und verwirklichen Sie es.
Kleine Schritte können eine Menge
bewirken.

CHERYL RICHARDSON

105

*M*achen Sie sich klar,
was Gottes unsichtbare Hand in Ihrem Leben
Gutes bewirkt, und reagieren Sie positiv
auf diese Segnungen. Dann werden Sie in jeder Hinsicht
aufblühen. Und Sie werden sich wundern,
warum Sie so lange Zeit auf dieses Glück
verzichtet haben.

DR. BRUCE WILKINSON

106

Sie werden in spiritueller Hinsicht
einen großen Schritt nach vorn machen,
wenn Sie Versuchungen meiden,
statt gegen sie anzukämpfen.

DR. BRUCE WILKINSON

107

*W*arum gestatten Sie anderen,
Ihre Grenzen zu missachten?
Sind Sie bereit, ab heute Ihre Grenzen zu schützen?
Grenzen bieten Ihnen nur Schutz,
wenn Sie Ihre Mitmenschen wissen lassen,
dass diese Grenzen existieren.

IYANLA VANZANT

108

*B*is heute haben Sie im Streben
nach materiellem Wohlstand vielleicht Ihren inneren
Frieden und Ihr spirituelles Gleichgewicht geopfert.
Denken Sie heute einmal darüber nach,
ob dieses Streben ein Fluch oder ein Segen ist.

IYANLA VANZANT

109

Wenn Sie anerkennen, dass der Wandel
das einzig Beständige im Leben ist,
werden Sie nicht länger bereit sein,
im krampfhaftem Bemühen, Dinge festzuhalten,
sich selbst und anderen Schaden zuzufügen.
Sich für Veränderungen zu öffnen heißt
offen für das Leben sein.

ANNE WILSON SCHAEF

110

$\mathcal{W}$enn Ihre Kinder sich nicht so entwickeln,
wie Sie dachten, dass sie sein würden und sein sollten,
ist das möglicherweise ein Kompliment für Sie.

ANNE WILSON SCHAEF

111

*D*as weibliche Selbstgefühl wird von Gefühlen und der Qualität zwischenmenschlicher Beziehungen bestimmt. Das männliche Selbstgefühl definiert sich durch die Fähigkeit, Resultate zu erzielen.

JOHN GRAY

112

Für Frauen ist Kommunikation äußerst wichtig,
weil dadurch ihre weibliche Seite genährt wird.
Für Männer ist Anerkennung wichtig,
weil dadurch ihre männliche Seite genährt wird.

JOHN GRAY

113

*B*elohnen Sie sich jedes Mal,
wenn Sie bei einem Projekt einen Schritt
weitergekommen sind. Gönnen Sie sich
einen Kinobesuch, telefonieren Sie
mit guten Freunden
oder machen Sie einen Spaziergang.

JULIE MORGENSTERN

114

$\mathcal{G}$ehen Sie im Ihnen angemessenen Tempo vor.
Manche Menschen blühen auf,
wenn in ihrem Leben gewaltige, dramatische
Veränderungen stattfinden.
Andere bevorzugen kleine, stetige Schritte.
Tun Sie das, was sich für Sie richtig anfühlt.

JULIE MORGENSTERN

115

*G*ott wird stets zur rechten Zeit das Richtige tun.
Und das macht einen gewaltigen
Unterschied! Da Sie wissen, dass seine Vorsehung
stets im rechten Moment zur Stelle ist,
können Sie unbeschwert die Gegenwart genießen.

MAX LUCADO

116

*N*ach Anerkennung zu streben ist,
als jage man einen Schmetterling.
Man jagt ihm nach und fängt ihn doch nie.
Bleiben Sie dagegen still und ruhig,
setzt er sich vielleicht auf Ihre Schulter.

MAX LUCADO

117

*G*ehen Sie von jetzt an davon aus,
dass genug für alle da ist.

CHERIE CARTER-SCOTT

118

Streben Sie immer nach Wissen,
Einsicht und Erkenntnis.

CHERIE CARTER-SCOTT

119

𝒲enn Sie glauben,
Sie müssten erst perfekt werden,
ehe Sie sich selbst akzeptieren und lieben können,
vergeuden Sie Ihr Leben.
Sie sind bereits hier und jetzt perfekt.

LOUISE L. HAY

120

𝒲ir sind alle Schüler und Lehrer.
Fragen Sie sich: »Warum bin ich hier?
Was soll ich lernen und
was kann ich andere lehren?«

LOUISE L. HAY

121

*I*mmer, wenn Sie *gegen* etwas sind,
lässt sich dieser Glaubenssatz so umformulieren,
dass Sie sich *für* etwas aussprechen.
Führen Sie keine Kriege, sondern seien Sie friedvoll.
Seien Sie nicht *gegen* Armut,
seien Sie *für* Wohlstand.

DR. WAYNE W. DYER

122

𝒲enn Sie sich selbst nicht lieben,
wird es auch kein anderer tun.
Nicht nur das – auch Sie selbst
werden dann andere nicht gut lieben können.
Liebe beginnt immer bei uns selbst.

DR. WAYNE W. DYER

123

Lügen korrumpieren die Seele.
Wenn Sie lügen, täuschen Sie nicht nur andere,
sondern betrügen auch sich selbst.
Spiritualität findet sich nur in der Wahrheit.

SYLVIA BROWNE

124

*B*ehandeln Sie Ihren Körper mit Respekt,
indem Sie ihn mit nahrhaften
und bekömmlichen Lebensmitteln versorgen.
Wenn Sie gut zu Ihrem Körper sind,
ist er auch gut zu Ihnen.

SYLVIA BROWNE

125

*W*enn Sie sich eingestehen, dass auch Sie selbst
Gefühlsschwankungen unterliegen,
fällt es Ihnen leichter, andere Menschen zu verstehen
und ihnen zu verzeihen.

DEEPAK CHOPRA

126

Glück hat man, wenn man Chancen nutzt.
Seien Sie darauf vorbereitet,
Gelegenheiten beim Schopf zu packen.

DEEPAK CHOPRA

127

*I*hre Finanzen sind wie ein Garten.
Wenn Sie den Garten sorgfältig pflegen –
die Blumen düngen, die Sträucher zurückschneiden,
Unkraut jäten –, ist er viel schöner,
als wenn Sie ihn nur halbherzig ab und zu gießen.

SUZE ORMAN

128

Geld für sich allein hat nur die Macht,
faul herumzuliegen.
Sie selbst sind es, die ihm die Macht geben,
sich zu vermehren. Denken Sie stets daran:
Ihr Geld ist nur mächtig, wenn Sie Macht
über Ihr Geld haben.

SUZE ORMAN

129

Sie sind, was Sie sagen. Sagen Sie,
was Sie tun werden, und tun Sie,
was Sie angekündigt haben. Alle sollen sich auf Ihr Wort
verlassen können. Untergraben Sie dieses Vertrauen
niemals durch Lügen, Täuschungen
oder Mehrdeutigkeiten. Schaffen Sie Glaubwürdigkeit,
indem Sie Ihre Worte mit Bedacht wählen.

TAVIS SMILEY

130

Alles, was Sie sagen oder tun,
fällt auf Sie zurück.
Denken Sie vor jedem Schritt,
den Sie unternehmen,
über die möglichen Konsequenzen nach.
Wenn Ihr Handeln Ihnen selbst
und Ihren Mitmenschen Frieden schenkt,
sind Sie auf dem richtigen Weg.

TAVIS SMILEY

131

Großzügigkeit ist der Schlüssel zu
positiven Lebenserfahrungen.
Es gibt in dieser Welt Raum genug dafür,
dass jeder Mensch ein leidenschaftliches, kreatives
und erfolgreiches Leben führen kann.
Tatsächlich ist nicht nur *Platz* für alle da,
es wird auch jeder *gebraucht*!

MARIANNE WILLIAMSON

132

Jede Krankheit, jede Sucht, jede Verhaltensstörung
hat eine geistige Ursache.
Und nur auf der geistigen Ebene
kann auch die Heilung erfolgen.
Die größte Macht, die Gott Ihnen verliehen hat,
ist die Macht, Ihr Denken zu verändern.

MARIANNE WILLIAMSON

133

Setzen Sie Prioritäten und haben Sie Mut,
nein zu sagen – freundlich lächelnd,
aber ohne nach Entschuldigungen zu suchen –,
nein zu allem,
was Ihnen weniger wichtig ist.

STEPHEN R. COVEY

134

*M*editieren Sie, beten Sie täglich,
lesen Sie inspirierende Bücher,
kommunizieren Sie mit Mutter Natur –
versuchen Sie auf die eine oder andere Weise,
sich ein Refugium zu erschaffen,
wo die Alltagswelt Ihren inneren Frieden
nicht zu stören vermag.

STEPHEN R. COVEY

135

Sucht ganz selbstsüchtig nach Freude, denn
eure Freude ist das größte Geschenk,
das ihr anderen Menschen machen könnt.
Wenn ihr euch nicht in einem Zustand der Freude
befindet, habt ihr anderen ohnehin nicht
wirklich etwas zu geben.

ABRAHAM-HICKS

136

*I*hr seid nicht hier, um irgendwelche Dinge
in Ordnung zu bringen.
Es gibt nämlich nichts, was in Ordnung
gebracht werden müsste. Alles ändert sich unaufhörlich
und entwickelt sich weiter. Hört auf zu kämpfen
und strebt nach Freude und Spaß.
Dadurch bringt ihr euch in Einklang
mit dem phantastischen Entwicklungsrhythmus
dieses Universums.

ABRAHAM-HICKS

137

Lassen Sie zu, dass andere Menschen
sich fürsorglich um Sie kümmern.
Nehmen Sie die liebevolle Fürsorge anderer
ohne Schuldgefühle an.

DOREEN VIRTUE

138

*W*iederholen Sie jeden Morgen
positive Affirmationen,
um die Tore der Manifestation
zu öffnen.

DOREEN VIRTUE

139

Gefühle sind einfach nur – Gefühle.
Sie zeigen Ihnen,
wenn etwas nicht in Ordnung ist.
Es kommt darauf an,
wie Sie mit ihnen umgehen.

ANNE WILSON SCHAEF

140

*B*ei guter Kommunikation herrscht Ausgewogenheit
zwischen Reden und aufmerksamem Zuhören. ...
Nehmen Sie wirklich auf, was Ihr Gegenüber gesagt hat,
ehe Sie selbst wieder das Wort ergreifen.

ANNE WILSON SCHAEF

141

𝓕rauen mögen es nicht, wenn man ihnen sagt,
wie sie ihre Gefühle verändern sollen.
Männer mögen es nicht, wenn man ihnen sagt,
was sie tun sollen.

JOHN GRAY

142

*J*e mehr einer Frau signalisiert wird,
dass es ihr gutes Recht ist,
aufgeregt oder wütend zu sein, desto rascher
wird ihre Aufregung abklingen.
Wenn Männer über ihre Probleme reden,
suchen sie nach Lösungen.

JOHN GRAY

143

Wenn Sie sich inmitten von viel Kram wohl fühlen, sollten Sie sich nicht zu steriler Aufgeräumtheit zwingen. Freuen Sie sich vielmehr an all den geliebten Dingen, indem Sie sie auf schöne Weise arrangieren und ordnen.

JULIE MORGENSTERN

144

Sind Ihre Schränke und Schubladen angefüllt
mit Dingen, die Sie nie benutzen?
Trennen Sie sich von allem Überflüssigen.
So schaffen Sie Raum für das,
was Sie wirklich lieben.

JULIE MORGENSTERN

145

Konfrontieren Sie sich niemals mit dem Tod,
ohne auch gleichzeitig
die Nähe Gottes zu suchen. Ja, Sie sollten noch nicht
einmal über den Tod sprechen, ohne auch zugleich
über Gott zu sprechen. Nur Gott allein vermag uns
Menschen auf der letzten Reise sicher zu geleiten.

MAX LUCADO

146

Seien Sie bei Ihren Gebeten präzise. Nennen Sie Gott
die Nummer Ihres Fluges. Sagen Sie ihm,
wie lange Ihr Vortrag dauern soll. Beschreiben Sie ihm
die Details Ihres neuen Jobs.
Er verfügt über sehr viel Zeit und Mitgefühl.
Er glaubt niemals, dass Ihre Ängste dumm
oder unsinnig sind. Überall, wo Sie hingehen,
ist er bereits gewesen. Er weiß, was Sie empfinden,
und er weiß, was Sie brauchen.

MAX LUCADO

147

*W*ährend Ihr Wissen über das Leben
stetig zunimmt, können Sie in Sicherheit
und Geborgenheit auf dieser Erde wandeln,
ihrem höchsten Guten entgegen.

LOUISE L. HAY

148

Sie können anderen Menschen nicht deren
Lebenslektionen abnehmen.
Alle müssen ihre Arbeit selbst erledigen,
und das werden sie auch tun,
wenn sie bereit dafür sind.

LOUISE L. HAY

149

*V*ergebung ist auf dem spirituellen Pfad
das Wirkungsvollste, was Sie für sich tun können.
Solange Sie nicht in der Lage sind,
sich selbst und anderen Menschen zu vergeben,
bleiben Ihnen die höheren Bewusstseinsebenen
verschlossen.

DR. WAYNE W. DYER

150

*A*lle großen Lehrer haben uns
eine ähnliche Botschaft hinterlassen:
Wende dich nach innen,
entdecke dein unsichtbares höheres Selbst
und erkenne Gott als die Liebe,
die in dir wohnt.

DR. WAYNE W. DYER

151

Geduld ist wahrhaftig eine Tugend, die wir alle
auf die ein oder andere Art
perfektionieren sollten. Probieren Sie,
statt ungeduldig zu werden, doch einmal
eine kurze Meditation aus:
Atmen Sie langsam und tief durch
und konzentrieren Sie sich
auf angenehme Gedanken.

SYLVIA BROWNE

152

Sei es nun durch Tod oder Scheidung – der Verlust eines geliebten Menschen hinterlässt immer ein schreckliches Loch. Der einzige Weg zu neuem Wohlbefinden besteht darin, dass Sie »aus sich herausgehen«, indem Sie sich darauf konzentrieren, anderen Menschen zu helfen.

SYLVIA BROWNE

153

*W*enn Sie sich im Gleichgewicht befinden,
verfügen Sie über eine Stärke und Flexibilität,
die es Ihnen erlaubt, Herausforderungen
ganz mühelos zu begegnen.

DEEPAK CHOPRA

154

*W*enn Sie aus jeder Beziehung
lernen und verstehen, wie dieser Mensch
in Ihr Leben gekommen ist,
dann brauchen Sie sich an keine dieser Beziehungen
mit Bedauern zu erinnern.

DEEPAK CHOPRA

155

*F*assen Sie Mut, Ihre finanzielle Situation
mit Ihrem Partner zu besprechen,
aus einer inneren Haltung der Liebe, nicht der Gier –
im Bestreben, das Beste füreinander zu erreichen –
nicht nur momentan, sondern dauerhaft.
Denn, was auch geschieht, Sie haben nicht wirklich
etwas zu verlieren.

SUZE ORMAN

156

*W*ie viel Geld brauchen Sie wirklich?
Dieser Betrag ist bei jedem Menschen verschieden,
so einzigartig wie ein Fingerabdruck.
Machen Sie Gebrauch von Ihren Gaben und Talenten,
lassen Sie Ihre Kreativität frei fließen.
Dann werden Sie stets über einen für Sie jeweils
angemessenen Wohlstand verfügen.

SUZE ORMAN

157

Jedes Hindernis, das Sie meistern, ist ein Trittstein
auf Ihrem Weg des Wachstums.
Seien Sie dankbar dafür, denn mit jedem überwundenen
Hindernis wächst Ihre Kraft. Das ermöglicht
es Ihnen, künftigen Herausforderungen,
die Ihnen bei Ihrem Streben nach Erfolg begegnen,
mutig entgegenzutreten.

TAVIS SMILEY

158

*S*eien Sie bei allem, was Sie tun,
mit dem Herzen dabei.
Lauwarmes Bemühen wird nur mittelmäßige
Resultate hervorbringen. Engagieren Sie sich
leidenschaftlich, dann werden Ihnen
Ihre Unternehmungen auch entsprechend
intensive Erfolgserlebnisse bescheren.

TAVIS SMILEY

159

*I*hre Kinder bieten Ihnen die Chance,
die Geschichte neu zu schreiben –
ihnen so gute Eltern zu sein, wie Sie selbst
sie gerne gehabt hätten. Damit gestalten Sie
mit der Zukunft auch gleich
die Vergangenheit neu.

MARIANNE WILLIAMSON

160

*D*er Himmel ist in Ihnen.
Er hat nichts damit zu tun, was andere Leute denken,
sondern ausschließlich damit, für welche Art zu denken
Sie selbst sich entscheiden. Ihre Eintrittskarte in den
Himmel, der einzige Weg nach Hause, besteht darin,
dass Sie allen Menschen vergeben.
Mögen Sie lernen, so zu denken, wie Gott denkt.

MARIANNE WILLIAMSON

161

Lernen Sie, Verantwortung zu delegieren.
Anderen kompetenten, gut geschulten Leuten
Verantwortung zu übertragen, ermöglicht es Ihnen,
Ihre Energie höheren Aktivitäten zu widmen.
Delegieren bedeutet Wachstum,
sowohl für den Einzelnen wie für Unternehmen
und Organisationen.

STEPHEN R. COVEY

162

*I*ndem Sie sich auf die Qualität von Beziehungen
und auf Resultate konzentrieren,
statt auf Zeit und Methoden, können Sie für
die Menschen in Ihrem Einflussbereich
ein guter Zuhörer, Trainer und Berater werden.
Ihre Effektivität – und die der Menschen
in Ihrer Umgebung –
wird dadurch dramatisch zunehmen.

STEPHEN R. COVEY

163

𝒲enn ihr eure Gefühle von äußeren Faktoren
abhängig macht, habt ihr ein Problem –
doch wenn euer Wohlbefinden ausschließlich
von der Verbundenheit mit eurem inneren Sein abhängt,
wird sich in eurem Leben alles harmonisch fügen.

ABRAHAM-HICKS

164

Was ihr euch wünscht – und dann zulasst –,
wird sich verwirklichen. Das gilt ohne Ausnahme.
Wenn ihr eure Schwingungen auf das Gewünschte
einstimmt, werdet ihr die Erfüllung
eures Wunsches erleben.

ABRAHAM-HICKS

165

*L*ösen Sie sich von alten Schuldgefühlen
und denken Sie immer daran,
dass Sie ein Kind Gottes sind!

DOREEN VIRTUE

166

*A*chten Sie auf wiederkehrende Zeichen
und Ihre innere Führung.
Das kann Ihnen zu wertvollen
Informationen verhelfen.

DOREEN VIRTUE

167

*I*hr *Körper* ist ein lebendiger Tempel,
in dem Gott lebt. Ihr *Geist* ist ein lebendiger Tempel,
in dem Gott lebt. Gott ist das Leben in Ihnen.
Dass Sie lebendig sind, ist der Beweis dafür,
dass Gott in Ihnen lebt.
Ihr *Leben* ist der Beweis.

DON MIGUEL RUIZ

168

All Ihre magische Kraft liegt in Ihren Worten.
Jedes Mal wenn Sie eine Ansicht äußern,
ist das ein Zauberspruch. Mit Ihren Worten
können Sie einen Menschen verzaubern oder
ihn von einem Zauber erlösen.

DON MIGUEL RUIZ

169

𝒟er Besuch oder Telefonanruf eines Freundes
kann Sie heilen. Auf gleiche Weise können auch Sie
einen Freund heilen. Gibt es jemanden,
bei dem Sie sich melden wollen, aber bislang
nicht die Zeit fanden? Nehmen Sie sich diese Zeit!
Und zwar noch heute.

CAROLINE MYSS
UND PETER OCCHIOGROSSO

170

*H*elfen Sie anderen ganz im Stillen,
ohne dafür Dankbarkeit oder Lohn zu erwarten.
Lassen Sie die heilende Kraft Ihres Geistes
durch Ihre Hände strömen, wenn Sie
einen anderen Menschen berühren, aber sagen Sie
dem Betreffenden nichts davon.
Lernen Sie, im Verborgenen zu geben.

CAROLINE MYSS
UND PETER OCCHIOGROSSO

171

𝒲enn Sie sich zu einem liebevolleren, mitfühlenderen, friedfertigeren Menschen entwickeln, sind Sie auf dem richtigen Weg.

BRIAN L. WEISS

172

$\mathcal{E}$s ist besser, wenn Sie bei allen Begegnungen mit anderen Menschen wirklich aus dem Herzen sprechen. Sonst kann sich Ärger einschleichen, Groll gegen Menschen und Pflichten.

BRIAN L. WEISS

173

Sie sollten ein Gespür dafür entwickeln,
wann es an der Zeit ist, Veränderungen
in einer Partnerschaft herbeizuführen oder sich
zu trennen. Genauso sollten Sie aber auch spüren,
wenn alles so ist, wie es Ihren Bedürfnissen entspricht.
In einer wahren Partnerschaft haben beide stets
die Freiheit zu gehen.

CHRISTIANE NORTHRUP

174

Alle Schöpfungen benötigen
Fürsorge und Nahrung.
Gießen und düngen Sie Ihre Schöpfungen
und Träume mit positiven, inspirierenden Emotionen
und Gedanken und mit Liebe.

CHRISTIANE NORTHRUP

175

*V*ergebung kennt keine Grenzen.
Vergeben Sie sich und anderen,
ohne nach Gründen und Erklärungen zu suchen.

KEITH D. HARRELL

176

Lächeln und lachen Sie oft!
Finden Sie in Ihrem Leben täglich etwas Fröhliches
und Komisches –
lächeln und lachen, lächeln und lachen,
immer wieder lächeln und lachen.

KEITH D. HARRELL

177

𝒟enken Sie GROSS. Es gibt unsichtbare Kräfte,
die nur darauf warten, Sie bei der Erfüllung
Ihrer Träume zu unterstützen.

CHERYL RICHARDSON

178

Fürchten Sie sich nicht vor Nähe.
Öffnen Sie sich für
nahe Freundschaften und Vertrautheit.
Zu lieben und geliebt zu werden
ist ein kostbares Geschenk.

CHERYL RICHARDSON

179

Gottes Handlungen dienen stets dazu,
Sie – liebevoll, weise, beharrlich –
jenem Lebensziel näher zu bringen, dass Sie ersehnen,
aber ohne Hilfe nicht erreichen können.

DR. BRUCE WILKINSON

180

*B*auen Sie darauf, dass Gott Ihnen zur rechten Zeit
die richtigen Worte eingeben wird,
und einen Mut, Sie laut auszusprechen,
den Sie sich nie zugetraut hätten.

DR. BRUCE WILKINSON

181

Wie können Sie etwas Aufregung und
Abwechslung in Ihr Leben bringen?
Sind Sie bereit, heute etwas Aufregendes zu erleben?
Aufregend ist es, genau die Dinge zu wagen,
die Sie sich nie zugetraut hätten.

IYANLA VANZANT

182

$\mathcal{B}$is heute haben Sie sich vielleicht
an eine Person oder eine Sache geklammert,
deren Aufgabe in Ihrem Leben längst abgeschlossen ist.
Lösen Sie sich heute einmal von den Anhaftungen
an all die Menschen und Dinge,
von denen Sie so ungern lassen.

IYANLA VANZANT

183

*E*ntwickeln Sie eine unerschütterliche Treue
zu einer Person oder einem Vorhaben.

CHERIE CARTER-SCOTT

184

𝒱ersuchen Sie stets,
in einem Konflikt beiden Seiten gegenüber fair zu sein,
und vertrauen Sie darauf,
dass sich die Gerechtigkeit letztlich durchsetzt.

CHERIE CARTER-SCOTT

185

𝒲enn ihr euch nach Kontakt zu geliebten
Verstorbenen sehnt, freut es euch vielleicht zu hören,
dass ein Teil von ihnen immer bei euch ist.
Das ist Bestandteil der spirituellen Verpflichtung,
die sie euch gegenüber eingegangen sind.
Auch ein Teil von euch wird hier bei euren Lieben
bleiben, wenn ihr die Erde verlasst.

KRYON

186

Stellt euch vor, dass es für euer Problem
die perfekte Lösung gibt,
auch wenn ihr noch nicht genau wisst,
wie sie aussieht! Stellt euch vor,
dass die Herausforderung überwunden
und alles um euch wieder friedvoll ist.
Sagt Spirit nicht, wie die Lösung aussehen soll.
Stellt euch stattdessen einfach vor,
dass sich alles auf gute Weise fügt.

KRYON

187

𝒲enn Sie Ihre Wut achten und
sich wirklich mit ihr auseinander setzen,
werden sich Ihnen neue Zugänge
zu Ihrem inneren Sein öffnen,
die Ihnen vorher nicht bewusst waren.

ANNE WILSON SCHAEF

188

*W*enn Sie damit aufhören,
anderen lautstark die Schuld an Ihrem Unglück
und Ihren Fehlschlägen zu geben,
wird in Ihrem Leben vorübergehend
eine große Stille einkehren. Aber diese Stille
ist von großem Wert.
Sie führt zu glasklarer Einsicht.

ANNE WILSON SCHAEF

189

*D*ie größte Herausforderung für einen Mann
besteht darin, Verantwortung für von ihm
verursachte oder mitverursachte
zwischenmenschliche Probleme zu übernehmen.
Die größte Herausforderung für eine Frau besteht darin,
Grollgefühle zu überwinden und zu verzeihen.

JOHN GRAY

190

*F*rauen lieben es, sich um ihre Männer zu kümmern,
vor allem brauchen sie aber das Gefühl,
dass ihr Partner sich auch gut um sie kümmert.
Männer brauchen das Gefühl, dass ihre Partnerin
sich um sie kümmert, aber vor allem
wollen sie das Gefühl haben, dass sie erfolgreich
darin sind, ihrer Partnerin Erfüllung zu schenken.

JOHN GRAY

191

$\mathcal{S}$ie können Ihre Finanzen aufbessern,
indem Sie sich von nicht länger
benötigten Dingen trennen. Verkaufen Sie sie
auf dem Trödelmarkt oder inserieren Sie
in einem Annoncenblatt.

JULIE MORGENSTERN

192

Sorgen Sie für Ordnung in Ihren Zimmern.
Ein gut durchorganisiertes Zimmer
ist in drei bis fünf Minuten aufgeräumt.

JULIE MORGENSTERN

193

Segnen Sie Ihr Zuhause liebevoll. Strahlen Sie
Liebe in jeden Winkel aus,
so dass Ihr Zuhause darauf mit Wärme
und Heimeligkeit antwortet.
Machen Sie Ihr Heim
zu einem Ort des Friedens.

LOUISE L. HAY

194

Machen Sie sich den Glauben zu Eigen,
dass »immer eine helfende Hand zur Stelle ist«.
Dann wird es stets Leute geben, die Ihnen
wenn nötig beistehen, wo auch immer Sie sich
gerade befinden.

LOUISE L. HAY

195

𝒲enn Sie sich von Ihrem Ego lösen
und Verbindung zu jener Quelle aufnehmen,
aus der Sie ursprünglich hervorgingen,
werden Sie sich augenblicklich jener
absichtsvollen Macht gewahr werden,
die in vielfältiger Weise
für Sie und durch Sie wirkt.

DR. WAYNE W. DYER

196

*J*eder Ihrer Gedanken wirkt sich auf Ihr Leben aus.
Wenn Sie inmitten eines Gedankens,
der Sie schwächt, bewusst auf einen stärkenden
Gedanken umschalten, heben Sie damit
Ihr Energielevel und gewinnen neue Kraft.

DR. WAYNE W. DYER

197

*V*ermeiden Sie es möglichst, darüber nachzudenken, was Sie alles nicht sind: »Ich bin nicht glücklich, nicht reich, nicht gutaussehend« und so weiter. Denken Sie stattdessen darüber nach, was Sie *sind:* »Ich bin fröhlich. Ich bin wohlhabend. Ich bin schön.« Ihre Selbstachtung wird dadurch gewaltig Auftrieb bekommen.

SYLVIA BROWNE

198

ℰs gibt Dinge, die Sie nicht im Übermaß tun sollten.
Wenn etwas zur Sucht wird, schadet es Ihrem physischen
Körper, verhindert seelisches Wachstum und
stört Ihre Verbindung zu Gott. Bitten Sie Gott,
Ihre Willenskraft zu stärken
und Sie Mäßigung zu lehren.

SYLVIA BROWNE

199

*W*enn Sie ein glückliches Leben anstreben,
ist es oft am besten, über Ihre Träume und Absichten
zu schweigen. Lassen Sie einfach zu,
dass Ihre Vision sich auf natürliche Weise entfaltet.

DEEPAK CHOPRA

200

*A*uf welche Weise Sie innerhalb einer Partnerschaft
emotional reagieren – mit Freude, Traurigkeit,
Furcht oder Zorn –, kann eine Menge über
Ihr Denken und Ihre Überzeugungen aussagen.

DEEPAK CHOPRA

201

*D*er Weg aus Ihren Schulden öffnet sich Ihnen
mit jeder Zahlung ein Stück weiter.
Sie bezahlen für die Vergangenheit und
investieren damit gleichzeitig in die Zukunft.

SUZE ORMAN

202

*U*m wirklich ein Gespür für Geld zu entwickeln,
sollten Sie es *berühren*. Nehmen Sie Ihr Bargeld
in die Hand, spüren Sie, wie es sich anfühlt,
und behandeln Sie es mit Respekt. Geben Sie es mit
Freude aus, so wie Sie es als Kind gemacht haben.
Genießen Sie aber auch die Freiheit, es *nicht* auszugeben.
Machen Sie sich ein Vergnügen daraus, etwas
zurückzulegen ... in der Vorfreude,
es später auszugeben.

SUZE ORMAN

203

Sie sind eine göttliche Schöpfung.
Gott macht keine Fehler.
Versuchen Sie nicht, andere Menschen nachzuahmen.
Jeder Mensch kommt mit ganz besonderen Gaben
auf die Welt. Lieben Sie sich, wie Sie sind.
Erfreuen Sie sich daran, Sie selbst zu sein.

TAVIS SMILEY

204

𝓕ragen Sie sich, was Sie für die Gesellschaft
tun können, anstatt zu fragen,
was die Gesellschaft für Sie tun kann.
Wenn Sie Ihrer Berufung folgen und Ihren Beitrag
zum Wohle aller leisten, werden sich
die Türen zu Erfolg und Wohlstand für Sie öffnen.

TAVIS SMILEY

205

*M*editation ist eine Zeit der Stille,
die es unserem Geist ermöglicht,
sich von der hysterischen Hektik einer verrückt
gewordenen Welt zu lösen. In dieser Stille
kann der Geist Gottes in uns eintreten
und seine göttliche Alchemie vollbringen.

MARIANNE WILLIAMSON

206

𝓔ine gesunde, vitale Gesellschaft zeichnet sich keineswegs dadurch aus, dass wir alle einer Meinung sind. Sie zeichnet sich dadurch aus, dass abweichende Meinungen ehrenvoll und mit Respekt geäußert werden können … und Meinungsvielfalt als Ausdruck unseres gemeinsamen Menschseins wertgeschätzt wird.

MARIANNE WILLIAMSON

207

*S*uchen Sie oft das persönliche Gespräch
mit dem Partner, Ihren Kindern,
Ihren Freunden, Vorgesetzten oder Mitarbeitern.
Wenn Sie ihnen aufmerksam zuhören,
wird gegenseitiges Lernen möglich, und so lassen sich
gemeinsam kreative Problemlösungen finden,
während gleichzeitig das gegenseitge Vertrauen
gestärkt wird.

STEPHEN R. COVEY

208

Stärken Sie Ihr physisches Selbst,
indem Sie sich richtig ernähren,
für genug Ruhe und Entspannung sorgen und
regelmäßig Sport treiben. Ein gutes körperliches
Trainingsprogramm setzt in drei Bereichen an:
Ausdauer, Beweglichkeit und Kraft.

STEPHEN R. COVEY

209

*I*hr seid von Geburt an mit einem großartigen
(emotionalen) Leitsystem ausgestattet,
das euch in jedem Moment wissen lässt, auf welchem
Schwingungsniveau ihr euch befindet und
was ihr dadurch, gemäß dem Gesetz der Anziehung,
gerade in euer Leben zieht. Wenn ihr bewusst
nach Wohlbefinden strebt und euch darin übt,
Gedanken zu denken, die angenehme Gefühle
hervorrufen, wird euch im Leben
nur Gutes widerfahren.

ABRAHAM-HICKS

210

𝒲ohlbefinden ist so natürlich wie der Atem.
Wenn ihr euch oft entspannt und tief atmet, wird dadurch
euer natürliches Wohlbefinden gesteigert.

ABRAHAM-HICKS

211

*U*m eine schnelle Verwirklichung
Ihres Wunsches herbeizuführen, sollten Sie intensiv
an ihn denken, während Sie chanten,
summen, singen oder Musik machen.

DOREEN VIRTUE

212

*U*m Ihren Energiefluss auszubalancieren,
sollten Sie regelmäßig Ihr Zuhause
und Ihren Arbeitsplatz »ausmisten« und
von Überflüssigem befreien.

DOREEN VIRTUE

213

*D*er menschliche Geist ist wie fruchtbarer
Humusboden, auf dem ständig Samen ausgesät werden.
Wenn Sie eine einwandfreie Sprache pflegen,
ist Ihr Geist kein fruchtbarer Boden mehr für Worte
der Angst. Ihr Geist ist dann nur noch fruchtbar
für Worte der Liebe.

DON MIGUEL RUIZ

214

Sie sind schön, was auch immer Sie sich Gegenteiliges einreden. Werden Sie sich Ihrer Schönheit bewusst und akzeptieren Sie sie, und lassen Sie sich durch das Urteil anderer Leute nicht verunsichern.

DON MIGUEL RUIZ

215

Beobachten Sie heute einmal,
wohin Ihre Aufmerksamkeit für gewöhnlich wandert –
hin zu Angst oder Phantasien, hin zu humorvollen
Betrachtungen oder Stress? Folgen Sie dem Fluss
Ihrer Gedanken und beobachten Sie,
woraus dieser Fluss sich gewohnheitsmäßig speist.
Gefällt Ihnen, was Sie da sehen?

CAROLINE MYSS

UND PETER OCCHIOGROSSO

216

Wie viel Ihrer kostbaren Zeit investieren Sie in die Vergangenheit? Alles aus Ihrer Vergangenheit, Weisheit und Liebe ausgenommen, hat schon lange seinen Zweck erfüllt. Achten Sie einmal bewusst darauf, welche Themen aus der Vergangenheit Sie immer wieder beschäftigen und warum.

CAROLINE MYSS

UND PETER OCCHIOGROSSO

217

$\mathcal{W}$enn Sie das Richtige tun,
wenn Sie weder sich selbst noch anderen Schaden
zufügen, kann es Ihnen egal sein,
was andere über Sie denken. Sie sind frei!

BRIAN L. WEISS

218

*I*hre Seele ist Ihr eigentlicher Wesenskern.
Sie ist ewig und existiert in einem Ozean der Liebe.
Sie sind nicht Ihr Körper.

BRIAN L. WEISS

219

Entwickeln Sie eine liebevolle Beziehung zu sich selbst.
Gönnen Sie sich Zeiten des Alleinseins,
in denen Sie Ihre eigene Gesellschaft genießen.

CHRISTIANE NORTHRUP

220

*U*nsere Schöpfungen können sich nur dann frei,
mühelos und in Fülle manifestieren,
wenn wir unser Kontrollbedürfnis aufgeben und reine,
offene Kanäle für etwas werden, das größer ist als wir.

CHRISTIANE NORTHRUP

221

Nehmen Sie sich die Bereiche Ihres Lebens vor,
die dringend einer Verbesserung bedürfen.
Wählen Sie drei Lebensbereiche aus, in denen ganz klar
etwas geschehen muss. Handeln Sie entschlossen
und konstruktiv. Tun Sie, was erforderlich ist,
damit Sie die ersehnten Früchte ernten können.

KEITH D. HARRELL

222

Möglicherweise wird Ihnen klar,
dass Sie die Dinge nicht so gesehen haben,
wie sie wirklich sind … sondern so, wie sie sein sollten.
Streben Sie danach, bei sich selbst jene positiven
Veränderungen herbeizuführen, die Sie gerne
bei anderen Menschen sehen wollen.

KEITH D. HARRELL

223

𝓑ieten Sie einer anderen Person
Ihre Unterstützung an.
Erleben Sie, welche Freude es macht,
anderen zu dienen.

CHERYL RICHARDSON

224

*L*assen Sie Ihre Kreativität fließen.
Freuen Sie sich am Mysterium Ihrer inneren Muse.

CHERYL RICHARDSON

225

*G*ott ist an der Arbeit. Wenn Sie heute Ihre Augen
und Ihren Mund für ihn öffnen,
werden Sie ein Wunder erfahren,
das Ihren Namen trägt.

DR. BRUCE WILKINSON

226

Führen Sie über Ihre persönliche Reise mit Gott
ein spirituelles Tagebuch.
Teilen Sie Ihre Enttäuschungen mit ihm,
Ihre Freuden und Ihre Verwirrung.
Bitten Sie ihn um Weisheit ... und schreiben Sie
Ihre Wünsche und Fragen auf.
Lassen Sie sich von Gott führen.

DR. BRUCE WILKINSON

227

*I*n welchen Lebensbereichen flüchten Sie sich
in Ausreden, weil Sie nicht wirklich Gebrauch
von Ihrer Kraft machen? Sind Sie bereit,
heute diese Ausreden aufzugeben?
Ausreden dienen Ihnen dazu, sich vor jener Größe
zu drücken, von der Sie tief drinnen genau wissen,
dass sie Ihr wahres Wesen ist.

IYANLA VANZANT

228

*B*is heute haben Sie sich vielleicht selbst überfordert,
indem Sie versuchten, alles allein zu bewältigen.
Bitten Sie heute einmal Gott darum,
Ihnen einige Ihrer Bürden zu erleichtern.

IYANLA VANZANT

229

*H*alten Sie mutig an Ihren Überzeugungen fest,
selbst wenn alle in Ihrer Umgebung
etwas anderes glauben. Ändern Sie mutig
jene Ihrer Überzeugungen, die nicht länger
zu dem Menschen passen, der sie heute sind.
Auf diese Weise finden Sie zu sich selbst.

DANIEL LEVIN

230

𝒲ohlstand liegt weniger in dem,
was Sie erworben haben, als in dem, was Sie geben ...
denn nur, wenn Sie immer wieder leer werden,
können Sie mit Größerem gefüllt werden.

DANIEL LEVIN

231

Stimmen Sie sich auf Ihren spirituellen Wesenskern ein, der von einer höheren Macht erhalten und genährt wird.

CHERIE CARTER-SCOTT

232

Seien Sie eine Quelle der Kraft für sich selbst und Ihre Mitmenschen.

CHERIE CARTER-SCOTT

233

*W*as auch immer rings um euch geschieht,
kümmert euch zuallererst um euch selbst.
Wenn ihr euch ins Gleichgewicht gebracht habt,
wird alles, woran es euch bislang mangelte,
nach und nach eurem Leben hinzugefügt,
und die Veränderungen, um die ihr gebeten habt,
werden stattfinden.

KRYON

234

Jedes Mal wenn ihr das Wort Gott seht oder hört,
denkt an die Menschen in eurer Umgebung,
eure Familie, und an die Essenz eures eigenen Seins.
Stellt euch keine von euch getrennte höhere Macht
weit weg im Himmel vor. *Ihr* seid Gott!

KRYON

235

𝒱ielleicht haben Sie früher geglaubt, alles,
was sich zu tun lohne, müsse möglichst rasch
und unter »Hochdruck« erledigt werden.
Man kann aber durchaus lernen, dass diese Eile
und Hektik mehr schadet als nützt.

ANNE WILSON SCHAEF

236

Wir alle fühlen uns gelegentlich entmutigt.
Machen Sie sich dann einfach bewusst,
dass Wachstum eher in Form einer Spirale als in einer
geraden Linie verläuft. Phasen der Entmutigung
sind unvermeidlich – aber ebenso sicher folgen darauf
auch wieder Phasen voller Freude und Dynamik!

ANNE WILSON SCHAEF

237

*E*ine Frau erwartet von ihrem Partner,
dass er spürt, wenn sie seine Unterstützung benötigt.
Ein Mann bittet um Unterstützung,
wenn er sie benötigt.

JOHN GRAY

238

*W*iderstehen Sie der Versuchung, die Probleme
Ihrer Partnerin für sie lösen zu wollen –
zeigen Sie ihr stattdessen Mitgefühl.
Erteilen Sie ihrem Partner keine ungebetenen
Ratschläge – zeigen Sie ihm stattdessen
ihre Wertschätzung.

JOHN GRAY

239

Wenn es Ihnen schwer fällt, sich von nicht mehr benötigten Gegenständen zu trennen, spenden Sie sie für einen Wohltätigkeitsbazar oder verschenken Sie sie an Freunde! Es ist leichter, Dinge wegzugeben, wenn man weiß, dass sie an Hilfsorganisationen gehen, oder an Menschen, die man mag.

JULIE MORGENSTERN

240

𝒱erbessern Sie Ihre Lebensqualität.
Erleichtern Sie sich den Zugang zu den Dingen,
die Ihnen wirklich Freude machen, indem Sie
den überflüssigen Ballast fortschaffen,
der dem im Weg steht.

JULIE MORGENSTERN

241

Seien Sie sich stets genau bewusst,
was um Sie herum geschieht.

LEON NACSON

242

𝓔ntwickeln Sie eine gesunde Selbstachtung.
Werden Sie Ihr eigener bester Freund.

LEON NACSON

243

$\mathcal{E}$s kommt nicht darauf an, was andere Leute sagen
oder tun. Es kommt darauf an,
wie Sie auf das Verhalten der anderen reagieren
und was Sie über sich selbst denken.

LOUISE L. HAY

244

*D*as Universum unterstützt jeden Gedanken,
den zu denken Sie sich entscheiden, hundertprozentig.
Was Sie denken, steht Ihnen völlig frei.
Entscheiden Sie sich für Gedanken der Harmonie
und des Friedens und bringen Sie dieses Denken
in Ihrem Leben zum Ausdruck.

LOUISE L. HAY

245

Niemand kann Sie deprimieren.
Niemand kann Sie ängstigen.
Niemand kann Ihre Gefühle verletzen.
Niemand kann etwas in Ihnen auslösen,
solange Sie es nicht zulassen.

DR. WAYNE W. DYER

246

Sie können endlos hier herumsitzen und darüber lamentieren, wie schlecht Sie sich verhalten haben, und sich bis zu Ihrem letzten Atemzug in Schuldgefühlen ergehen.
Doch all diese Schuldgefühle werden die Vergangenheit in keiner Weise verändern.

DR. WAYNE W. DYER

247

*B*escheidenheit ist ein wichtiges Element
der Dankbarkeit. Zu große Bescheidenheit
jedoch erzeugt in der Seele ein Gefühl
der Minderwertigkeit. Seien Sie bescheiden,
aber seien Sie zugleich stolz darauf,
was Sie, mit Gottes Hilfe,
im Leben erreicht haben.

SYLVIA BROWNE

248

Stark sein bedeutet, das Leben durchzustehen –
erhobenen Hauptes die Schmerzen und Qualen
zu überleben, durch die Menschen hindurchmüssen.
Ein Zeichen von Stärke ist es auch,
wenn wir konsequent voranschreiten und
das selbstgesteckte Ziel erreichen, ohne uns durch Kritik
oder Missgunst aus der Bahn werfen zu lassen.

SYLVIA BROWNE

249

*U*m im Leben erfolgreich zu sein
und gutes Geld zu verdienen,
benötigen Sie eine klare Absicht und Konzentration.
Überlassen Sie es dem Universum,
sich um die Details zu kümmern.

DEEPAK CHOPRA

250

Wenn in einer zwischenmenschlichen Beziehung
ein Problem auftaucht, sollten Sie sich bewusst machen,
dass Sie stets Gefühle der Angst
durch Gefühle der Liebe ersetzen können.

DEEPAK CHOPRA

251

𝒲enn Sie sich Geld wünschen,
müssen Sie es willkommen heißen, sich für es öffnen
und es mit Respekt behandeln.
Von Ihren persönlichen Glaubenssätzen und
Überzeugungen hängt es ab, ob Sie sich reich und frei
genug fühlen, um darauf zu vertrauen,
dass Sie in Geldangelegenheiten immer
zur rechten Zeit das Richtige tun.

SUZE ORMAN

252

𝒲enn Sie Ihr Selbstwertgefühl nicht länger
von materiellen Dingen abhängig machen,
werden Sie weniger »brauchen« und weniger ausgeben.
Je mehr Ihre Selbstachtung wächst, desto mehr
werden sich Ihre Schulden verringern.
Das kann man geradezu als ein Gesetz der
finanziellen Physik bezeichnen!

SUZE ORMAN

253

Schenken Sie Ihren Mitmenschen Aufmerksamkeit.
Geben Sie großzügig, hören Sie aufmerksam zu,
loben und lieben Sie so viel wie möglich.
Bringen Sie, statt immer nur sich selbst ins rechte Licht
zu rücken, Licht ins Leben anderer!

TAVIS SMILEY

254

𝒱ergeben Sie Ihren Eltern, Ihren Verwandten,
Ihrem Lebenspartner, Ihren Freunden,
und vergeben Sie auch Ihren Feinden. Vor allem aber:
Vergeben Sie sich selbst.

TAVIS SMILEY

255

𝓔in wichtiger Teil Ihrer persönlichen
Entwicklungsarbeit sollte darin bestehen,
dass Sie den Ihnen nahe stehenden Menschen bei deren
Entwicklung helfen. Als Partner sollten wir uns
gegenseitig darin unterstützen, unser höchstes Potential
zu entdecken und zu entfalten.

MARIANNE WILLIAMSON

256

Große Leistungen und Erfolg kommen nicht aus dem,
was Sie *tun*, sondern aus dem, was Sie *sind*.
Wie viel Macht Sie in der Welt haben, hängt ab
von Ihrer persönlichen Macht.
Ihre Karriere ist Ausdruck Ihrer Persönlichkeit.

MARIANNE WILLIAMSON

257

Stellen Sie sich vor, wie Sie gerne Ihr Leben beschließen möchten. Machen Sie diese Vision zu Ihrem Bezugsrahmen, wonach Sie Ihr Handeln ausrichten. Dann wird jeder neue Tag zu Ihrer Vision von einem erfüllten Leben beitragen.

STEPHEN R. COVEY

258

Wenn Sie das nächste Mal in eine
Meinungsverschiedenheit oder einen Streit geraten,
versuchen Sie, die Sorgen Ihres Gegenübers zu verstehen.
Reagieren Sie auf seine Einwände schöpferisch,
indem Sie eine Lösung finden, die für beide Seiten
von Vorteil ist.

STEPHEN R. COVEY

259

$\mathcal{W}$ozu diese große Eile? Ihr werdet doch sowieso niemals alles schaffen, was ihr euch vorgenommen habt. Warum geht ihr also die Dinge nicht einfach etwas gelassener an? Alles, was ihr tut, sollte letztlich nur einem einzigen Zweck dienen, nämlich euch Freude zu schenken. Seid also guten Mutes! Lacht mehr. Bringt dem Leben mehr Wertschätzung entgegen. Alles ist gut.

ABRAHAM-HICKS

260

*A*chtet vor allem darauf, dass das, was ihr tut,
für euch selbst und andere angenehm ist, dann werden
die Dinge sich schon auf richtige Weise fügen.
Seid selbstsüchtig genug, eurem persönlichen Wohlgefühl
zu folgen. So gewinnt ihr Zugang zu eurem natürlichen,
reinen, positiven Wesenskern.

ABRAHAM-HICKS

261

*E*s ist wichtig, dass Sie nur an das denken,
was Sie sich wünschen, nicht an das, was Sie fürchten.

DOREEN VIRTUE

262

Sie verdienen in jeder Hinsicht nur das Beste.
Machen Sie sich das immer wieder klar.

DOREEN VIRTUE

263

*W*enn Sie Ihr Bestes geben, sich wirklich bemühen,
werden Ihre ungesunden Angewohnheiten –
schlecht über andere reden, Dinge persönlich nehmen,
Vorurteile – immer weniger Macht über Sie haben
und sich seltener bemerkbar machen.

DON MIGUEL RUIZ

264

Lieben Sie sich selbst, lieben Sie Ihre Nächsten,
lieben Sie Ihre Feinde, aber beginnen Sie
mit der Selbstliebe. Solange Sie sich selbst nicht lieben,
können Sie auch niemanden sonst wirklich lieben.
Sie können nicht geben, was Sie nicht haben.

DON MIGUEL RUIZ

265

*F*eiern Sie alles, was an Ihrem Leben
gut und gesegnet ist. Machen Sie sich bewusst,
dass Dankbarkeit ein machtvolles Heilmittel ist.
Wenn Sie ihr Gutes dankbar segnen, steigern Sie damit
Ihre Lebenskraft und Ihr Wohlergehen.

CAROLINE MYSS

UND PETER OCCHIOGROSSO

266

Schon kleinste Veränderungen in Ihrer Ernährung können eine Erneuerung des Körpers und einen frischen Geist bewirken. Essen Sie nichts, bei dem Sie unsicher sind, ob es wirklich gut für Sie ist. Achten Sie darauf, wie dankbar Ihr Körper auf gesunde Nahrung reagiert.

CAROLINE MYSS
UND PETER OCCHIOGROSSO

267

*M*ag sein, dass es nur eine Wahrheit gibt.
Aber viele Wege führen dorthin.

BRIAN L. WEISS

268

Sie sterben nicht, wenn Ihr Körper stirbt.
Ein Teil von Ihnen reist weiter.
Und Sie werden Ihre Lieben wiedersehen,
denn auch sie sind unsterblich.

BRIAN L. WEISS

269

$\mathcal{E}$ine Partnerschaft ist etwas sehr Machtvolles –
immer wenn Sie synergetisch mit einem
oder mehreren Menschen zusammenarbeiten,
wird Ihr Potential in einer Weise verstärkt,
wie es individuell niemals möglich wäre.

CHRISTIANE NORTHRUP

270

*I*hr Intellekt muss immer der Weisheit
Ihres Herzens dienen. Machen Sie die beiden
zu echten Partnern. Der Verstand ist ein großer Diener,
aber ein tyrannischer Herrscher.

CHRISTIANE NORTHRUP

271

Gönnen Sie sich einen 30-Sekunden-Urlaub.
Wenden Sie sich nach innen
und konzentrieren Sie sich auf das Positive.
So erzeugen Sie in sich eine Einstellung,
mit der Sie Stärke, Mut und
unendliche Möglichkeiten aufbauen.

KEITH D. HARRELL

272

*D*er Unterschied zwischen
dem Durchschnittlichen und dem
Überdurchschnittlichen ist dieses kleine Wort »über«.
Verlangen Sie hier und heute mehr von sich,
als Sie selbst oder irgendjemand sonst es erwarten.

KEITH D. HARRELL

273

Ziehen Sie klare Grenzen.
Schützen Sie Ihre kostbare Zeit und Energie.

CHERYL RICHARDSON

274

Scheuen Sie nicht vor Wagnissen zurück.
In Ihnen wohnt eine Kraft,
die Berge versetzen kann.

CHERYL RICHARDSON

275

*G*ott wacht über Sie. Wenn Sie ihn fragen, sagt er
Ihnen, welchen Weg Sie meiden sollen.
Ihre Aufgabe besteht darin, dass Sie ihn bitten,
Sie vor dem Bösen zu beschützen, dass Sie ihm für
seine Fürsorge danken und ihm gehorchen.

DR. BRUCE WILKINSON

276

*W*enn Sie gesündigt haben, bekennen Sie
Ihre Sünden vor Gott und kehren Sie um.
Sie werden es nie bereuen.

DR. BRUCE WILKINSON

277

Sind Sie bereit, heute damit aufzuhören,
es allen recht machen zu wollen?
Der beste Weg, Ihr eigenes Sein zu ehren,
besteht darin, dass Ihr Nein wirklich ein Nein ist,
und dass Sie nur ja sagen, wenn Sie auch wirklich
ja sagen wollen.

IYANLA VANZANT

278

*B*is heute war Ihnen vielleicht nicht klar,
dass in einer Beziehung Spannungen entstehen,
wenn man seine Gefühle unterdrückt.
Gefühle sind ein wichtiges Hilfsmittel, um sich selbst
und andere zu heilen. Zeigen Sie Ihre Gefühle –
mit Selbstachtung und auf eine liebende und gegenüber
anderen Menschen respektvolle Weise.

IYANLA VANZANT

279

Wir fürchten uns davor, die Herausforderungen
des Lebens allein bewältigen zu müssen.
Aus Angst, nicht dazuzugehören, nehmen wir Drogen.
Aus Angst, unangenehm aufzufallen, tragen wir
die gleiche Kleidung wie die anderen. Aus Angst,
klein zu erscheinen, verschulden wir uns und
bauen ein großes Haus. Wenn Sie wissen,
dass Gott Sie liebt, werden Sie nicht verzweifelt
versuchen, die Liebe anderer Menschen zu erringen.

MAX LUCADO

280

Was also, wenn jemand anderer schlanker oder stärker, weißer oder schwärzer als Sie ist? Warum zählen wir unsere Diplome und vergleichen unsere Karrieren? Was macht es schon aus, wenn ein anderer auf dem Platz am Kopf des Tisches sitzt? An Gottes Tisch haben Sie immer einen Platz.

MAX LUCADO

281

𝒞rlauben Sie jemandem, dem Sie vertrauen,
Sie auf Ihrem Weg zu leiten.

CHERIE CARTER-SCOTT

282

*A*kzeptieren Sie andere Menschen so,
wie sie sind, und unterstützen Sie sie bei
der Verwirklichung Ihrer Träume.

CHERIE CARTER-SCOTT

283

*L*asst aus dem Reservoir eurer persönlichen Energie
eine kräftige Dosis göttliche Liebe
hervorströmen und verzeiht euch eure Fehler.
Vergebt eurem inneren Kind.

KRYON

284

𝒲enn ihr euch auf die Liebe Gottes beruft
und eine klare, reine Absicht zum Ausdruck bringt,
werden Wunder geschehen.

KRYON

285

$\mathcal{S}$ie haben ein paar schlechte, ein paar gute
und ein paar mittelmäßige Entscheidungen getroffen.
Vor allem aber waren es Ihre Entscheidungen –
jede einzelne davon.

ANNE WILSON SCHAEF

286

Alles, was Sie brauchen, um Ihre Spiritualität
erfahren zu können, finden Sie in sich.
Sie *sind* Ihre Spiritualität.
Sie müssen nur damit aufhören,
sich selbst im Weg zu stehen.

ANNE WILSON SCHAEF

287

Männer – haltet zu ihr, wenn sie sich
über jemanden ärgert.
Frauen – sagt zu ihm:
»Es ist nicht deine Schuld.«

JOHN GRAY

288

*S*ie schätzt Liebe, Kommunikation,
Schönheit und Freundschaft.
Er schätzt Zuneigung, Bewunderung,
Anerkennung und Vertrauen.

JOHN GRAY

289

𝒱erwenden Sie einen Gruppenraum
im Kindergarten als Modell, um Ihre Zimmer
zu organisieren. Weisen Sie jedem Zimmer
drei bis fünf wesentliche Funktionen zu, und
unterteilen Sie den Raum in einzelne Aktivitätsbereiche
für jede dieser Funktionen.

JULIE MORGENSTERN

290

*E*rinnerungsgegenstände können eine erfreuliche
Atmosphäre schaffen – aber sammeln Sie nicht
so viel davon, dass es Ihnen die Luft zum Atmen nimmt.
Verwenden Sie einen schönen Koffer als Schatzkiste
und behalten Sie nur, was in diesen Koffer passt.

JULIE MORGENSTERN

291

Erfreuen Sie sich an Ihrer Sexualität.
Sie ist normal und natürlich.
Wertschätzen Sie die Freuden,
die Ihr Körper Ihnen schenkt.

LOUISE L. HAY

292

*G*eld ist Energie und ein Austausch
von Dienstleistungen.
Über wie viel Geld Sie verfügen,
hängt davon ab,
was Sie zu verdienen glauben.

LOUISE L. HAY

293

𝓔ntspanntheit, im Frieden mit sich selbst sein,
Zuversicht, emotionale Neutralität,
Lockerheit, Fließen mit dem Leben – das sind
die Elemente des Erfolges.

DR. WAYNE W. DYER

294

Sie haben die Wahl, wie Sie
den neuen Tag begrüßen:
»Guten Morgen, Gott!« Oder: »O Gott,
schon wieder ein neuer Morgen!«

DR. WAYNE W. DYER

295

Natürlich sollten Sie, wenn möglich,
Vergebung praktizieren. Aber es gibt Dinge,
die sich einfach nicht vergeben lassen,
so hart Sie sich auch bemühen. Dann sollten Sie
die Sache Gott übergeben. Gott ist größer als Sie
und kann sich um das kümmern,
was Ihre eigenen Kräfte übersteigt.

SYLVIA BROWNE

296

Gerüchte wird es immer geben, und je mehr Sie
im Leben bewirken, desto mehr
werden Sie zur Zielscheibe von Gerüchten werden.
Solange Sie spüren, dass Ihr Handeln im Einklang
mit dem Willen Gottes steht, können Gerüchte
Sie nicht verletzen. Aber geben Sie Acht,
dass nicht auch Sie welche in die Welt setzen!

SYLVIA BROWNE

297

*W*enn Sie es sich gestatten,
in Ihrem Leben weniger vorhersagbar zu sein,
dringen Sie aus dem Bekannten ins Unbekannte vor,
wo alle Dinge möglich sind.

DEEPAK CHOPRA

298

*V*erliebt zu sein kann sich wie ein machtvoller Energieschub anfühlen – die wildesten und wunderbarsten Dinge scheinen plötzlich möglich.

DEEPAK CHOPRA

299

$\mathcal{F}$ragen Sie sich: »Welche gedanklichen Einschränkungen erlege ich mir beim Thema Geld auf? Was traue ich mir nicht zu?« Haben Sie sich diesen Ängsten erst einmal gestellt und eine dieser Herausforderungen bewältigt, die Sie sich nicht zutrauten, sollten Sie sich fragen, vor welchen anderen Lebensanforderungen Sie zurückweichen, die Sie ebenfalls meistern könnten.

SUZE ORMAN

300

*W*as mit Ihrem Geld geschieht,
wirkt sich unmittelbar auf Ihr Leben aus.
Es geht nicht um Ihren Börsenmakler oder Ihren
Bankdirektor, es geht um *Ihr* Leben!

SUZE ORMAN

301

Sie sind, zum Guten wie zum Schlechten, für alles in Ihrem Leben verantwortlich, gestern, heute und morgen. Geben Sie nicht nicht Ihren Eltern, Ihren Lehrern oder Ihrem Chef die Schuld. Übernehmen Sie selbst die Verantwortung.

TAVIS SMILEY

302

Suchen Sie die Gesellschaft von Menschen,
die Ihnen an Fähigkeiten, Begabung
und Erfahrung ebenbürtig oder überlegen sind.
Streben Sie stets danach, bei sich und anderen neue
Talente zu entdecken. Streben Sie nach Fortschritt.
Davon werden nicht nur Sie selbst profitieren,
sondern auch die Menschen in Ihrer Umgebung.

TAVIS SMILEY

303

Leben ist so viel mehr als nur das Leben des Körpers.
Leben ist ein unendlicher Strom der Energie,
ein Kontinuum der Liebe in unzähligen Dimensionen.
Sie sind seit ewigen Zeiten lebendig, und Sie werden
immer lebendig sein.

MARIANNE WILLIAMSON

304

*D*ie beste Chance, das Leben anderer Menschen positiv zu beeinflussen, haben Sie, wenn Sie Ihr eigenes Leben für Gottes Liebe öffnen. Dann *werden* Sie Licht und können gar nicht anders, als dieses Licht auszustrahlen.

MARIANNE WILLIAMSON

305

*B*etrachten Sie die Schwächen anderer
nicht anklagend, sondern voll Mitgefühl.
Es kommt nicht darauf an, was andere Menschen
tun oder hätten tun sollen. Entscheidend ist,
wie *Sie* auf die Situation reagieren und was *Sie*
tun können.

STEPHEN R. COVEY

306

*W*enn wir die Unterschiede zwischen Menschen
wertschätzen, führt das zu Synergie.
Wahrhaft effektive Menschen sind bescheiden genug,
die Beschränktheit ihrer eigenen Wahrnehmung
einzusehen. Sie erkennen die Chancen, die sich uns
durch Austausch und Kooperation eröffnen.

STEPHEN R. COVEY

307

Nach Anerkennung durch andere Leute zu streben
ist kein guter Wegweiser, denn andere Leute
haben stets andere Wünsche als ihr. Wahre Führung
könnt ihr aus der klaren, reinen Quelle in euch
empfangen. Sie ist immer für euch erreichbar.

ABRAHAM-HICKS

308

*D*ie Essenz alles dessen, was ihr liebenswert findet,
fließt ständig durch euch und formt eure Realität.
Wenn ihr Wertschätzung für etwas empfindet,
öffnet dieser emotionale Zustand Kanäle, durch die
noch mehr schöne Dinge und Erfahrungen
in euer Leben strömen können.

ABRAHAM-HICKS

309

𝒜rbeiten Sie daran, authentischer und
aufrichtiger zu werden. Lösen Sie sich
von dem Bedürfnis, anderen etwas vorzuspielen
und auf den äußeren Schein zu setzen.

LEON NACSON

310

*H*andeln Sie spontan großzügig und wohltätig.

LEON NACSON

311

*I*hr Herz kann unbegrenzt Liebe hervorbringen,
nicht nur für Sie selbst, sondern für die ganze Welt.
Öffnen Sie Ihr Herz, öffnen Sie Ihre Zauberküche
und weigern Sie sich, um Liebe bettelnd
durchs Leben zu laufen. In Ihrem eigenen Herzen
finden Sie alle Liebe, die Sie brauchen.

DON MIGUEL RUIZ

312

*W*as andere sagen und tun ist eine Projektion
ihrer eigenen Realität, ihres eigenen Traumes.
Wenn Sie selbst immun sind gegen die Meinungen und
Handlungen anderer, werden Sie nicht zum Opfer
unnötigen Leidens.

DON MIGUEL RUIZ

313

Öffnen Sie sich hier und heute für die heilende Kraft der Hoffnung. Lenken Sie diese Kraft auf alles, was in Ihrem Leben der Heilung bedarf, einschließlich Ihrer negativen Meinungen und Ihrer Enttäuschungen.

CAROLINE MYSS
UND PETER OCCHIOGROSSO

314

*K*rankheit kann Lehrerin, Gefährtin oder
Herausforderung sein – aber niemals eine Strafe.
Dennoch ist die Botschaft einer Krankheit manchmal
unklar. Ignorieren Sie die Krankheit. Lassen Sie sich
von der Erkenntnis stimulieren, dass Heilung
jeden Augenblick möglich ist.

CAROLINE MYSS
UND PETER OCCHIOGROSSO

315

Möglicherweise erkennen Sie, dass Ihr Geist für gewöhnlich mit unwichtigen Gedanken angefüllt ist. Konzentrieren Sie sich auf Ihren Atem oder Ihre Schritte. Jeder Atemzug ist göttlich, jeder Schritt ist heilig.

BRIAN L. WEISS

316

$\int$ ie werden nicht automatisch glücklich,
wenn ein anderer Mensch sich ändert
oder wenn Ihre Umwelt sich ändert, sondern nur,
wenn *Sie selbst* sich ändern.

BRIAN L. WEISS

317

Seien Sie bereit zuzugeben, dass Sie sich geirrt
oder einen Fehler begangen haben.
Nur auf diesem Weg können Sie dazulernen.

CHRISTIANE NORTHRUP

318

Seien Sie den großen Künstlern, Musikern
und Wissenschaftlern dankbar,
deren Werk und Vision uns alle inspiriert.
Ob Sie selbst kreativ sind oder die kreativen
Ausdrucksformen anderer Menschen wertschätzen,
in jedem Fall sind Sie Teil dieses
großartigen Zirkels des Selbstausdrucks.

CHRISTIANE NORTHRUP

319

Beginnen Sie, das Unsichtbare zu sehen …
damit Sie das Unmögliche tun können.
Ihre positive Einstellung versetzt Sie in die Lage,
unter die Oberfläche zu schauen, so dass Sie alles
verwirklichen können, was Sie sich vornehmen.

KEITH D. HARRELL

320

Stimmen Sie sich auf den unendlichen Geist der
Schöpfung ein. Von dort empfangen Sie
die Eingebungen, Pläne und Handlungsanweisungen,
die Sie zum Erfolg führen werden.

KEITH D. HARRELL

321

Spielen Sie mit einem Kind. Kinder sind unsere größten Lehrer.

CHERYL RICHARDSON

322

*B*itten Sie um Hilfe. Hilfe annehmen zu können ist ein Ausdruck von Großzügigkeit.

CHERYL RICHARDSON

323

Gott kennt ganz andere Wege, Ihnen zu Einfluss und Bedeutung zu verhelfen. Er wird Umstände und Gelegenheiten so arrangieren, dass sie Ihnen wirklich von strategischem Nutzen sind. Es wird Ihnen vorkommen, als sei Gott Ihr Meister-Terminplaner.

DR. BRUCE WILKINSON

324

Gott erwartet nicht, dass Sie danach streben oder gar Freude daran haben, von ihm gemaßregelt zu werden. Wenn es notwendig ist, dass er Sie diszipliniert, wünscht er sich noch mehr als Sie, dass Sie die Prüfung so schnell wie möglich überstehen.

DR. BRUCE WILKINSON

325

Gibt es in Ihrem Leben einen Bereich, wo Sie sich vor einer Entscheidung drücken?
Sind Sie bereit, heute Entscheidungen zu treffen, die auf Selbstachtung beruhen? Wenn Sie nicht selber klare und bewusste Entscheidungen treffen, müssen Sie mit dem vorlieb nehmen, was das Leben Ihnen vor die Füße wirft.

IYANLA VANZANT

326

*B*is heute haben Sie vielleicht darauf gewartet, dass jemand Ihnen etwas sagt oder gibt, damit Sie sich okay fühlen können. Entscheiden Sie sich heute einmal dafür, dass Sie sich *ganz allein* die Erlaubnis geben, sich okay zu fühlen. Akzeptieren Sie, wo auch immer Sie gerade sein mögen, dass Sie okay sind – einfach weil es Sie gibt!

IYANLA VANZANT

327

*V*ersammelt euch und versorgt den Planeten und die menschliche Rasse mit positiver Gedankenenergie. In der neuen Energie könnt ihr sehr viel mehr erschaffen als die Summe des Ganzen.

KRYON

328

$\mathcal{E}$rde und Mensch sind untrennbar verbunden.
Ein harmonisches Gleichgewicht könnt ihr nur erlangen,
wenn ihr eure grundlegende Partnerschaft
mit dem Planeten versteht. Lernt, indem ihr euch
auf das Herz der Erde einstimmt.

KRYON

329

$\mathcal{W}$enn Sie sich nach Kräften
um Wahrhaftigkeit bemühen, tragen Sie damit
zur heilenden Energie des Universums bei.

ANNE WILSON SCHAEF

330

*D*er Schöpfer hat Sie unendlich reich beschenkt.
Nehmen Sie das Geschenk dankbar an.
Leben Sie all Ihre göttlichen Gaben und lassen Sie
die Welt daran teilhaben.

ANNE WILSON SCHAEF

331

*M*änner, denkt nach, bevor ihr euren Ärger an eurer Gefährtin auslasst. Frauen, sprecht sanft, wenn ihr eurem Gefährten gegenüber Unmut artikuliert.

JOHN GRAY

332

*D*as weibliche Bewusstsein ist umfassend –
es nimmt zunächst das Gesamtbild wahr und entdeckt
dann die Details. Das männliche Bewusstsein
ist stärker auf Details fokussiert, aus denen es dann
ein Gesamtbild zusammensetzt.

JOHN GRAY

333

Sagen Sie »Hinaus mit dir!« zu jedem negativen
Gedanken, der Ihnen durch den Kopf geht.
Kein Mensch, Ort oder Ding hat Macht über Sie,
denn Sie sind in Ihrem Bewusstsein der einzige Denker.
Sie erschaffen Ihre eigene Realität und alles,
was darin enthalten ist.

LOUISE L. HAY

334

Nur Sie selbst sind in der Lage, Ihr Essverhalten
zu steuern. Wenn Sie es wirklich wollen,
können Sie jeder Versuchung widerstehen.

LOUISE L. HAY

335

Meditation ermöglicht es Ihnen, Ihren Verstand
zu transzendieren und in Kontakt mit dem Spirit,
dem universellen Geist, zu treten. Lernen Sie
das »vereinigte kosmische Energiefeld« kennen,
in dem echter Erfolg auf allen Gebieten möglich ist –
jederzeit.

DEEPAK CHOPRA

336

Was Sie als gewöhnlichen Zufall abtun,
ist vielleicht die Gelegenheit
zu einem außergewöhnlichen Abenteuer.

DEEPAK CHOPRA

337

Wenn Sie begreifen, dass Ihr Selbstwert
nicht von den Werten auf Ihrem Bankkonto abhängt,
dann haben Sie finanzielle Unabhängigkeit erlangt.

SUZE ORMAN

338

Wenn Sie jeden Monat eine gewisse Summe für wohltätige Zwecke spenden, ist das ein Weg, der Welt *danke* zu sagen, und außerdem auch ein Weg, *bitte* zu sagen. Eine reinen Herzens gespendete wohltätige Gabe kehrt stets vielfach vermehrt zu ihrem Spender zurück.

SUZE ORMAN

339

𝓔ine gesunde, gehaltvolle Ernährung hilft Ihnen,
schwungvoll und vital in Ihrem Körper zu leben.
Indem Sie gut für Ihren Körper sorgen, sorgen Sie auch
gut für Ihre Seele.

MARIANNE WILLIAMSON

340

*F*rieden ist viel mehr als lediglich die Abwesenheit von Krieg und Gewalt. Er ist eine ganz eigene Zustandsform. Das Ziel muss sein, Frieden *bewusst zu erschaffen*. Ohne Liebe gibt es keinen Frieden. Wenn die Liebe fehlt, ist Krieg in der einen oder anderen Form unvermeidlich.

MARIANNE WILLIAMSON

341

Wenn Sie die Ansichten anderer übernehmen und ihnen Glauben schenken, machen Sie sie damit zu einem Teil Ihres Glaubenssystems. Das lässt sich nur rückgängig machen, indem Sie sie durch neue Ansichten ersetzen, die auf die Wahrheit gegründet sind.
Nur die Wahrheit hat die Macht, Sie zu befreien.

DON MIGUEL RUIZ

342

Wenn Sie die Welt mit liebenden Augen sehen,
wird Ihnen die Liebe auf Schritt und Tritt begegnen.
Die Bäume sind mit Liebe gemacht.
Die Tiere sind mit Liebe gemacht.
Alles wurde mit Liebe erschaffen. Wenn Ihr Blick
liebevoll ist, sehen Sie Gott überall.

DON MIGUEL RUIZ

343

*T*un Sie jeden Tag etwas Neues –
oder tun Sie wenigstens etwas Bekanntes auf neue Weise.
Das Leben steht nie still, stagniert niemals,
denn jeder Augenblick ist ewig neu und frisch.

LOUISE L. HAY

344

$\mathcal{F}$ragen Sie von Zeit zu Zeit jene,
die Sie lieben:
»Wie kann ich dich noch besser, noch schöner lieben?«
Dauerhafte liebevolle zwischenmenschliche Beziehungen
sind immer ein Licht auf unserem Weg.

LOUISE L. HAY

345

*J*eder und jede von euch
ist ein Glied in der Kette des Lichts,
aus der das Universum besteht –
daher seid ihr wahrhaftig ein Teil Gottes.

KRYON

346

*F*eiert euer Leben,
wo immer es euch hinführen mag,
wie schwierig es auch immer sein mag –
und wisst, dass alles nur ein Übergang ist.

KRYON

347

*T*ragen Sie eine Wunde mit sich herum,
die noch nicht geheilt ist? Sind Sie bereit, gleich heute
mit der Heilung zu beginnen?
Eine ungeheilte Wunde entzieht Ihnen Lebensenergie,
die Sie für Ihr Leben jenseits der Verwundung brauchen.

IYANLA VANZANT

348

*B*is heute haben Sie sich vielleicht an Dingen
festgeklammert, die Sie für unentbehrlich halten.
Stellen Sie sich heute einmal vor, wie Ihr Leben aussähe,
wenn Sie etwas bekämen, das *besser* ist als alles,
woran Sie gegenwärtig festhalten.

IYANLA VANZANT

349

$\mathcal{V}$erlieren Sie während unvermeidlichen Konflikten Ihre Zuversicht nicht. Halten Sie durch. Sie wissen nie, ob sich nicht doch noch alles zum Guten wendet.

CHRISTIANE NORTHRUP

350

𝓔rkennen Sie an, was andere intellektuell und kreativ
beitragen. Gleichzeitig sollten Sie aber auch
Ihre eigenen Leistungen zu schätzen wissen.

CHRISTIANE NORTHRUP

351

Worte können eine Menge anrichten.
Wunden, die durch zornige oder hasserfüllte Worte
geschlagen wurden, verheilen nur sehr langsam.

BRIAN L. WEISS

352

Lieben Sie andere Menschen mit ganzem Herzen, ohne Angst und ohne falsche Zurückhaltung. Je mehr Sie geben, desto mehr wird Ihnen gegeben.

BRIAN L. WEISS

353

*W*ie definieren Sie »Selbst-Fürsorge«?
Beginnen Sie gleich heute mit einem gezielten Programm
der Selbst-Fürsorge. Achten Sie stets
auf den Wohlfühl-Faktor. Er ist ein guter Gradmesser
dafür, ob Sie sich gut um sich kümmern.
Wenn Sie sich unwohl fühlen, ist das immer ein Zeichen,
dass Sie etwas falsch machen. Lernen Sie daraus.

CAROLINE MYSS

UND PETER OCCHIOGROSSO

354

€in mitfühlender Geist verfügt über enorme Heilkräfte.
Probieren Sie es aus. Trainieren Sie Ihr Mitgefühl.
Wenden Sie sich vorurteilslos
anderen Menschen zu und zeigen Sie ihnen,
welche Freude ihre Gesellschaft für Sie ist.

CAROLINE MYSS
UND PETER OCCHIOGROSSO

355

*I*hre einzigartigen kreativen Talente
werden von Ihnen jetzt
auf zutiefst erfüllende Weise zum Ausdruck gebracht.
Ihre Kreativität ist immer gefragt.

LOUISE L. HAY

356

*A*lles in Ihrem Leben – jede Erfahrung,
jede Beziehung – ist ein Spiegel Ihrer
inneren mentalen Muster.

LOUISE L. HAY

357

*W*enn Sie krank sind, ist das ein Zeichen
der Getrenntheit von Gott, und Ihre Heilung
besteht darin, dass Sie zu ihm zurückkehren.
Die Rückkehr zu Gott bedeutet ganz schlicht
zur Liebe zurückzukehren.

MARIANNE WILLIAMSON

358

*I*hre erste Aufgabe im Leben besteht darin,
zu lieben und zu verzeihen.
Ihre zweite Aufgabe besteht darin, Ihre weltlichen
Aufgaben zu erfüllen. Welche Form diese weltliche Arbeit
auch im Einzelnen annehmen mag,
sie sollte dazu beitragen, die Welt zu heilen.

MARIANNE WILLIAMSON

359

*B*ei jeder anstehenden finanziellen Entscheidung
sollten Sie Ihrer allerersten instinktiven Reaktion folgen.
Diese Antwort wird immer die richtige sein, jene,
die Ihnen den Weg zu finanziellem Erfolg weist.

SUZE ORMAN

360

*W*enn Sie den Wunsch verspüren,
in Ihren finanziellen Angelegenheiten
eine Veränderung vorzunehmen, tun Sie es einfach.
Halten Sie sich nicht mit langwierigen Analysen
und den Fragen nach dem Warum und Wie auf.
Handeln Sie.

SUZE ORMAN

361

*W*ie Sie andere Menschen behandeln –
sei es einen alten Freund oder eine Angestellte
am Bankschalter –, verrät, welche Behandlung Sie selbst
von anderen zu erwarten haben.

DEEPAK CHOPRA

362

𝒲enn Sie Ihre persönliche Macht
wirklich anerkennen, brauchen Sie sich anderen
Menschen nicht mehr überlegen oder
unterlegen zu fühlen.

DEEPAK CHOPRA

363

𝒟enken Sie daran, dass das Leben sehr einfach ist:
Durch Ihr Denken und Fühlen erschaffen Sie
Ihre Erfahrungen.

LOUISE L. HAY

364

*I*n diesem neuen Zeitalter der Erleuchtung
können Sie lernen, sich nach innen zu wenden,
um dort Ihren eigenen Erlöser zu finden.
Machen Sie sich immer wieder klar, dass *Sie selbst*
die Macht sind, nach der Sie suchen!

LOUISE L. HAY

365

𝓑ehandeln Sie alle und alles mit liebendem Mitgefühl. Wenn Sie keinen Unterschied sehen zwischen dem Göttlichen und dem Profanen, zwischen Heiligen und Sündern, haben Sie die höchste Weisheit erlangt.

DANIEL LEVIN

© 1999 Charles William Bush Photography

Über die Autorin

Louise L. Hay gilt als eine der bedeutendsten spirituellen Lehrerinnen unserer Zeit. Sie entwickelte in den 80er-Jahren des vorigen Jahrhunderts das erste psychologische Programm zur Aktivierung der Selbstheilungskräfte bei Schwerstkranken. Ihre Bücher wurden in 25 Sprachen übersetzt und sind weltweit mit einer Gesamtauflage von über 50 Millionen erschienen. Um ihr Werk ist mit Hay House ein eigener Verlag entstanden, der heute zu den wichtigsten Vorreitern alternativer Gesundheitslehren gehört. Ihr Name wurde zum Synonym für die Aktivierung von Selbstheilungskräften zur Unterstützung jeder ärztlichen Therapie.

Weitere Informationen zu Louise L. Hay und der
Hay Foundation können Sie unter folgender Adresse erfragen:

Hay House, Inc.
P. O. Box 5100
Carlsbad, CA 92018-5100, USA

Tel.: (0 01) 7 60/4 31-76 95
Fax: (0 01) 7 60/4 31-69 48

Oder Sie besuchen Hay House im Internet:
www.hayhouse.com

LOUISE L. HAY

*Seit Gesundheit für Körper und Seele vor 20 Jahren
zum ersten Mal erschien, ist es zu einem der erfolgreichsten
Selbsthilfebücher geworden – mit über 30 Millionen
Weltauflage, davon über 1,5 Millionen in Deutschland.*

Gesundheit für Körper und Seele
304 Seiten
€ [D] 8,95 / € [A] 9,20 / sFr 16,50
ISBN 3-548-74097-9

Wahre Kraft kommt von Innen
256 Seiten
€ [D] 8,95 / € [A] 9,20 / sFr 16,50
ISBN 3-548-74098-7

Die Kraft einer Frau
192 Seiten
€ [D] 7,95 / € [A] 8,20 / sFr 14,80
ISBN 3-548-74096-0

Das große Buch der heilenden Gedanken
400 Seiten
€ [D] 11,95 / € [A] 12,30 / sFr 21,50
ISBN 3-548-74095-2

Die innere Ruhe finden
192 Seiten
€ [D] 6,95 / € [A] 7,20 / sFr 12,80
ISBN 3-548-74099-5

ULLSTEIN TASCHENBUCH

JAMES REDFIELD

Tief in den Regenwäldern Perus ist eine Handschrift gefunden worden. Auf ihren Seiten sind neun Einsichten in das Wesen des Lebens niedergelegt, Einsichten, zu denen nach und nach jeder Mensch auf dem Weg zu einer spirituellen Kultur gelangen wird.

Das Geheimnis von Shambhala
Das dritte Buch von Celestine
352 Seiten
€ [D] 8,95/€ [A] 9,20/sFr 16,50
ISBN 3-548-74118-5

Die Vision von Celestine
Geheimnis und Hintergrund
der Prophezeiungen
320 Seiten
€ [D] 8,95/€ [A] 9,20/sFr 16,50
ISBN 3-548-74120-7

Die Erkenntnisse von Celestine
Das Handbuch zur Arbeit mit
den »Neun Erkenntnissen«
320 Seiten
€ [D] 9,95/€ [A] 10,30/sFr 18,00
ISBN 3-548-74116-9

Das Handbuch der zehnten Prophezeiung von Celestine
Vom alltäglichen Umgang mit
der zehnten Erkenntnis
384 Seiten
E [D] 10,95/E [A] 11,30/sFr 19,80
ISBN 3-548-74117-7

**Die Prophezeiungen
von Celestine**
Ein Abenteuer
368 Seiten
€ [D] 8,95/€ [A] 9,20
sFr 16,50
ISBN 3-548-74119-3

ULLSTEIN TASCHENBUCH

Osho

*Ein radikaler und unkonventioneller spiritueller Visionär,
dessen Bedeutung erst heute allgemein anerkannt wird.
Übersetzt in 47 Sprachen, weltweite Gesamtauflage
über 80 Millionen.*

Kinder
Sei einfach du selbst
528 Seiten
€ [D] 9,95/€ [A] 10,30/sFr 18,00
ISBN 3-548-74109-6

Ego
Von der Illusion zur Freiheit
624 Seiten
€ [D] 10,95/€ [A] 11,30/sFr 19,80
ISBN 3-548-74110-X

Frauen
Die Quelle der weiblichen Kraft
696 Seiten
€ [D] 10,95/€ [A] 11,30/sFr 19,80
ISBN 3-548-74111-8

Intuition
Einsichten jenseits des Verstandes
224 Seiten
€ [D] 7,95/€ [A] 8,20/sFr 14,80
ISBN 3-548-74112-6

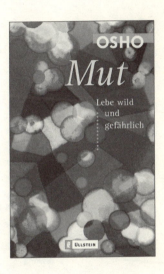

Mut
Lebe wild und gefährlich
224 Seiten
€ [D] 7,95/€ [A] 8,20
sFr 14,80
ISBN 3-548-74113-4

Ullstein Taschenbuch

DOREEN VIRTUE

Dr. Doreen Virtue hatte schon als Kind den sechsten Sinn und kommunizierte mit »unsichtbaren Freunden«. In der von ihr entwickelten Engeltherapie verbindet sie ihre Kompetenz als Psychologin mit ihren spirituellen Fähigkeiten.

Das Heilgeheimnis der Engel
Himmlische Botschaften
für Krankheit und Not
320 Seiten
€ [D] 8,95/€ [A] 9,20/sFr 16,50
ISBN 3-548-74102-9

Engel-Gespräche
Wahre Begegnungen
256 Seiten
€ [D] 7,95/€ [A] 8,20/sFr 14,80
ISBN 3-548-74130-4

Die Heilkraft der Engel
224 Seiten
€ [D] 7,95/€ [A] 8,20/sFr 14,80
ISBN 3-548-74128-2

Die Heilkraft der Feen
256 Seiten
€ [D] 7,95/€ [A] 8,20/sFr 14,80
ISBN 3-548-74129-0

ULLSTEIN TASCHENBUCH

BESTSELLER DER ZEITENWENDE

Überall auf der Welt werden derzeit reife, weise Seelen geboren, die mit besonderen Aufgaben und Botschaften zu uns kommen. Wir begegnen ihnen in der seit den 90er Jahren heranwachsenden Generation von besonders begabten Kindern, die man wegen der Farbe ihrer Aura die »Indigo-Kinder« nennt.

LEE CARROLL/JAN TOBER
Indigo-Kinder erzählen
256 Seiten
€ [D] 8,95/€ [A] 9,20/sFr 16,50
ISBN 3-548-74092-8

KRYON
Das Zeiten-Ende
Neue Informationen für
persönlichen Frieden
304 Seiten
€ [D] 9,95/€ [A] 10,30/sFr 18,00
ISBN 3-548-74093-6

KRYON
Denke nicht wie ein Mensch
Kryon antwortet auf
grundsätzliche Fragen
352 Seiten
€ [D] 9,95/€ [A] 10,30/sFr 18,00
ISBN 3-548-74103-7

ULLSTEIN TASCHENBUCH